AF539144

गांधी के देश में

गांधी के देश में

सुधीर चन्द्र

राजकमल प्रकाशन

ISBN : 978-81-267-1873-3

मूल्य : ₹595

पहला संस्करण : 2010
This book is printed on **Print on Demand** Technology : 2026

प्रकाशक : राजकमल प्रकाशन प्रा.लि.
1-बी, नेताजी सुभाष मार्ग, दरियागंज
नई दिल्ली-110 002

शाखाएँ : अशोक राजपथ, साइंस कॉलेज के सामने, पटना-800 006
पहली मंजिल, दरबारी बिल्डिंग, महात्मा गांधी मार्ग, प्रयागराज-211 001
1, अनमोल सोराबजी संतुक लेन, धोबी तलाव, मरीन लाइंस, मुम्बई-400 002
वेबसाइट : www.rajkamalprakashan.com
ई-मेल : info@rajkamalprakashan.com

GANDHI KE DESH MEIN
by Sudhir Chandra

पिता की स्मृति को नमन!

भूमिका

आज़ादी से चार महीने पहले, 12 अप्रैल, 1947 के अपने प्रार्थना-प्रवचन में, गांधी ने कहा : 'कोई कितना ही चीखे, हमारे अखबार दुरुस्त होते ही नहीं हैं।...इसे देख कर मुझे शरम आती है कि हमारे देश के अखबार कितने गिर गए हैं।...अगर, अखबार दुरुस्त नहीं रहेंगे तो फिर हिन्दुस्तान की आज़ादी किस काम की रहेगी?'

तब से अब तक बीते 62 सालों में जो हाल हुआ है हमारे अखबारों का, उसको देख पाते तो क्या कहते राष्ट्रपिता?

बात सिर्फ अखबारों की नहीं है। हमारी भी है। उसी प्रार्थना-प्रवचन में आगे गांधी ने कहा : 'हम लोग भी ऐसे हो गए हैं कि सबेरे उठते ही कुरान के बिना हमें चलेगा, गीता-रामायण के बिना भी चल जाएगा, लेकिन अखबार के बिना हमारा काम बिलकुल ही नहीं चलेगा। बड़े-बड़े लोग भी अखबार के गुलाम हो गए हैं। अगर सबेरे अखबार न मिला तो हाय-तौबा मच जाती है। अखबारवालों ने भी हवाई बातें कर-करके सबको गुलाम बना डाला है, लेकिन वे सारी बातें करीब-करीब निकम्मी ही होती हैं।'

लोग चेत जाएँ, अखबारों की गुलामी छोड़ अपना विवेक इस्तेमाल में लाएँ, और छपे को सच न मान उस पर सन्देह कर सकें तो, गांधी को विश्वास था, 'अखबारवालों को भी इतनी धाँधली में पड़ने की जरूरत नहीं रहेगी कि उन्हें रात भर जागना पड़े और दिन में भी चैन न ले सकें, और ऐसी बेबुनियाद खबरें छापने की दौड़ भी नहीं लगानी पड़ेगी।'

यहाँ संकलित सारे आलेख 2007-09 के बीच जनसत्ता में 'मगर फिर भी' नामक स्तम्भ के अन्तर्गत छप चुके हैं। हर पखवाड़े 1200 शब्द लिखने की अनिवार्यता मेरे जैसे काहिल के लिए कितनी भी भारी रही हो, यह एक प्रियकर चुनौती भी रही है। बगैर किसी लालच, बगैर किसी दबाव, बगैर किसी डर के मन की बात कहते रहना। मैं जानता हूँ कि यह सुअवसर भी रहा है।

पर हमारे समय की विडम्बना ही ऐसी विचित्र है कि सुअवसर भी चुनौती बन जाता है।

नितान्त निजी से लेकर ठेठ सार्वजनिक मामलों को उठाते, कह लें निजी-सार्वजनिक का द्वैत मिटाते, ये छोटे-छोटे आलेख एक खास 'स्पिरिट' में लिखे गए हैं। उस स्पिरिट की वज़ाहत क्या करनी?

आभारी हूँ ओम थानवी का कि उन्होंने आमन्त्रित किया यह स्तम्भ लिखने के लिए।

और गुलाम मोहम्मद शेख का कि एक और कमाल का 'कवर' बनाने का कष्ट उठाया–सहर्ष–इस पुस्तिका के लिए।

–सुधीर चन्द्र

वाई ए-3, सहविकास
68, आई पी विस्तार
दिल्ली-110092
23 दिसम्बर, 2009

अनुक्रम

गांधी के देश में

एक अनलिखा महाकाव्य

डेढ़ साल होने को आए कि इस स्तम्भ के शुरुआती दौर में मैंने प्रख्यात कथाकार इन्तजार हुसैन की चर्चा करते हुए तय किया था कि कभी उनकी कहानी 'एक बिन लिखी रज्मिया' की बात करूँगा। वैसे तो इन्तजार साहब ने बहुत लिखा है, पर कुछ ऐसा योग बना है कि उनका नाम आते ही लोगों के दिमाग में उनका उपन्यास 'बस्ती' आ जाता है। पर मेरा कुछ ऐसा हो गया है कि इन्तजार साहब की याद आते ही मेरे दिमाग में 'एक बिन लिखी रज्मिया' कौंध जाती है।

इस कहानी को पहली मर्तबा मैंने अंग्रेजी अनुवाद में पढ़ा था। पढ़ते ही लगा कि कोई बहुत बड़ी चीज पढ़ी है। जैसा कि शायद किसी भी बड़ी चीज से साबका होने पर लगता है, लगा कि अभी बहुत कुछ है इस कहानी में जो अनुद्घाटित रह गया है। उसके बाद कई बार पढ़ा उसे। साथ ही साथ और चीजें भी पढ़ीं इन्तजार साहब की। वक्त के साथ पहली बार पढ़ने पर हुआ अहसास गहरा होता गया।

आज मैं बेहिचक कह सकता हूँ कि न केवल 1947 के बँटवारे पर, बल्कि राष्ट्र-राज्य के युग में जी रहे मानव की नियति पर ऐसी रचना मुश्किल से मिलेगी। शायद मैं 'एक बिन लिखी रज्मिया' के अर्थ को नाहक संकुचित कर रहा हूँ। एक और व्यापक पाठ अन्तर्निहित है इसमें, जिसका सम्बन्ध आधुनिक राष्ट्र-राज्य के परे किसी भी व्यवस्था में व्यक्ति की नियति से है।

यहाँ यह भी बता दूँ कि अंग्रेजी में इन्तजार साहब की इस कहानी को पढ़ कर जिस तरह अभिभूत हो गया था तो मन में एक जिज्ञासा आई कि अगर अनुवाद में—वह भी एक विदेशी भाषा में—यह रचना इतनी प्रभावशाली है तो अपने मूल रूप में यह कितनी सशक्त होगी। तो जब पाकिस्तान जाना हुआ और लाहौर में इन्तजार साहब से मुलाकातें हुईं तो 'एक बिन लिखी रज्मिया' का उर्दू पाठ हासिल कर लिया। उसको पढ़ते हुए लगा कि अनुवाद की अनिवार्यता मान कर भी जो लोग उसे असम्भव मानते हैं वे कोरे सिद्धान्त की बात नहीं करते। 'एन

अनरिटिन एपिक' के नाम से अनूदित जिस कहानी को पढ़ कर मैं इतना आह्लादित था वह तो 'एक बिन लिखी रज्मिया' की प्रतिकृति भर थी। उसकी जान और आत्मा मूलकृति में रह गए थे।

पाकिस्तान से लौटते ही इस कहानी को राजेन्द्र यादव के हवाले कर दिया और उन्होंने अगस्त 2001 के 'हंस' में इसे देवनागरी लिपि में छपा दिया।

हर बड़ी कृति की ही तरह कुछ विशेष लौकिक परिस्थितियों में लिखे जाने के बावजूद इन्तजार हुसैन की यह अनलिखी वीरगाथा अपनी निर्मिति के सन्दर्भ को लाँघ कर कालजयी हो गई है। फिर भी अगर उस सन्दर्भ को लगे हाथ याद कर लें, जिसमें यह लिखी गई तो कुछ ऐसे महत्त्वपूर्ण तत्त्व उजागर हो सकेंगे, जो कम से कम एक खास तरह के विश्लेषण के लिए जरूरी हैं।

1947 में इन्तजार हुसैन बीस-बाईस के थे। पाकिस्तान का बनना उनके तईं एक आदर्श का साकार होना था। यह एक ऐसा दुर्लभ क्षण था जो पुश्तों के बाद किसी सौभाग्यशाली पीढ़ी को हासिल होता है। हिजरत का क्षण। स्वाभाविक था कि जवान आदर्शवादी इन्तजार हुसैन मेरठ छोड़ कर पाकिस्तान चले जाएँ। पाकिस्तान में बस जाने के बाद भी–हिजरत के यथार्थ को उद्घाटित होते देखते-देखते भी–इन्तजार हुसैन लगातार शिकायत करते रहे कि लोगों को विभाजन की त्रासदी ही दिखाई पड़ती है, हिजरत का महान ऐतिहासिक क्षण नहीं।

ऐसी मनोवृत्तिवाले नौजवान की कलम से पाकिस्तान बनने के मात्र दो-ढाई साल बाद निकली 'एक बिन लिखी रज्मिया'।

कहानी में वर्णनकर्ता की डायरी के साक्ष्य से चलें–और अनुमानतः भी ऐसा किया जा सकता है–तो यह वीरगाथा पाकिस्तान में 1950 में लिखी जाती है। शुरू होती है यह कादिरपुर को याद करते हुए। कादिरपुर जो राजनीतिक भूगोल के हिसाब से हिन्दुस्तान में था। विभाजन के वक्त मुसलमानों का एक गाँव, जिसे हिन्दुस्तान में ही रहना था। इस वीरगाथा/महाकाव्य का नायक है पछुवा।

वर्णनकर्ता याद करता है कि कैसे विभाजन के वक्त जब पड़ोस के जाटों ने कादिरपुर पर चढ़ाई कर दी थी तो गाँव के मुसलमान पछुवा के पराक्रमी नेतृत्व के कारण ही बच पाए थे। बांका फक्कड़ पहलवान, पछुवा सच्चा सूरमा है। उसको याद करते हुए वर्णनकर्ता कहता है :

'पछुवा ने लड़ते वक्त यह कभी नहीं सोचा कि इसका नतीजा क्या निकलेगा। यह तो अन्देशा-ए-सूद-ओ-ज़याँ (हानि-लाभ की सम्भावना से बेखबर) से बुलन्द होकर लड़ता था। अपने फन को उसने मकसादियत की गन्दगी से कभी आलूदा नहीं किया। लड़ना खुद उसके लिए एक मकसद था।'

इस सूरमा को जब पाकिस्तान के बनने की इत्तिला मिली तो बड़ी हसरत से हाथ मल कर कहने लगा : 'मियाँ, हम बैठे ही रह गए, वां किला फतह हो गया।' फिर बोला : 'मियाँ, जो होना था वह हो चुका। चलो, अब चल के ईदगाहवाले पीपल पर पाकिस्तानी झंडा तो लगा दें।'

तब :

'कादिरपुर के दूसरे लोगों को जब पछुवा की इस नीयत का इल्म हुआ तो उनके तो हाथों के तोते उड़ गए। पछुवा को बहुत समझाया-बुझाया और पाकिस्तान का पूरा नक्शा समझाया। पछुवा बहुत सिटपिटाया। उसकी समझ में यह बात न आई थी कि कादिरपुर, जिसमें पछुवा रहता है, पाकिस्तान के बाहर कैसे हो सकता है। लोगों के कहने-सुनने से उसने पाकिस्तानी झंडा लहराने का इरादा तो तर्क कर दिया, लेकिन...यह फैसला किया कि पाकिस्तान ने अपनी जात-बिरादर से हमें खारिज कर दिया तो अपनी बला से। हम अपना पाकिस्तान अलग बना लेंगे।'

हालात की संजीदगी को समझने वालों के विरोध करने पर पछुवा ने कोरा जवाब दे दिया : 'मियाँ, इस कान सुनो या उस कान सुनो, कादिरपुर में कांग्रेस का झंडा नहीं लहराएगा। पछुवा के अखाड़े का झंडा लगेगा।' जो अपने शागिर्दों के साथ उसने ईदगाह वाले पीपल पर लगा दिया।

इस सूरमा को याद करते हुए वर्णनकर्ता निश्चय करता है एक नया महाभारत लिखने का, जिसका नायक–अर्जुन–होगा पछुवा। और तभी अचानक एक दिन लाहौर में उसे पछुवा मिल जाता है। कादिरपुर का महावीर, जिसका वहाँ जिन्दा बचना नामुमकिन था, अब लाहौर में गमे-रोजगार में मुब्तिला है। पर दुनियादारी अब भी उसे नहीं आई है। उसे लगता है कि कोई जमींदार उसको एक बीघा जमीन दे देगा जहाँ वह आमों का बाग लगा लेगा और एक तरफ अखाड़ा खुदवा देगा जहाँ जोर हुआ करेंगे। उसका तर्क है : 'जमींदार भी तो अपने मुसलमान भाई हैं। अमा जिस किसी को अल्लाह रसूल का वास्ता दूँगा वही एक निवाला जमीन दे देगा।' वर्णनकर्ता अपनी डायरी में लिखता है : 'लीजिए, पछुवा ने यह निराली मंतिक (तर्कशास्त्र) निकाली। जमींदार भी हिन्दू-मुसलमान होने लगे!'

धीरे-धीरे कादिरपुर का महानायक पाकिस्तान में आदमी भी नहीं रह जाता, राजनीतिक शतरंज का मोहरा बन जाता है : 'उस खाने से पिटा तो इस खाने में आ गया।'

पर उस खाने से पिटे इस आदमी के लिए इस खाने में कोई जगह नहीं है। उसे बताया जाता है कि 'अभी कुछ बड़े-बड़े लोग दिल्ली गए थे, वो कहते हैं कि

हिन्दुस्तान में सब मुसलमान राजी-खुशी हैं।' वह भन्ना कर कहता है : 'मियाँ, मैं जो कादिरपुर से आया हूँ तो मैं झूठ बोलूँ हूँ।'

और एक दिन अचानक पछुवा गायब हो जाता है। काफी तलाश के बाद वर्णनकर्ता कादिरपुर में अभी तक रह रहे सूबेदार साहब को लिखता है। बहुत दिनों बाद जवाब आता है : 'तुम्हारे वतन में पछुवा के लिए जगह न थी, लेकिन इस पुराने वतन की धरती ने उसे अपनी छाती से लगा लिया।' ईदगाहवाले पीपल की जिस शाख पर पछुवा ने अपनी पार्टी का झंडा फहराया था उसी पर उसका सिर लटक रहा था।

सूबेदार साहब आगे लिखते हैं : 'तुम्हारा खत पढ़कर अजीब कैफियत हुई। तुमने याद तो किया, किसी बहाने से सही। खत के पुरजे से कभी-कभी याद कर लिया करो। हम गैर तो नहीं हैं।'

'वजह बेगानगी नहीं मालूम, तुम जहाँ के हो वां के हम भी हैं।'

कहाँ की बात कर रहे हैं सूबेदार साहब कादिरपुर में बैठ कर, जो अब कादिरपुर नहीं, जाटव नगर है, जहाँ से वह भी हैं और इस बिन लिखे महाभारत का संजय भी है? क्या है उनके मन में जब पाकिस्तान को वर्णनकर्ता का वतन बता कर वह उससे 'पुराने वतन' की बात करते हैं, जिसकी धरती ने पछुवा को अपनी छाती से लगा लिया था? कहाँ सोचा था पछुवा ने कि वह लौट रहा है, उस पुराने वतन में? लौटते वक्त मौत तो उसे मालूम ही रहा होगा उसे मिलेगी उस धरती पर कदम रखते ही। मरने के लिए इतनी दूर वापस आना क्यों जरूरी हो गया था उसके लिए?

वापस आना! वापस तो इनसान अपने घर ही आता है न!

ऐसे त्रासद मोहभंग से खत्म होती इस कहानी में एक नई शुरुआत भी इसी क्षण होती है। वर्णनकर्ता इतना सब देखने के बाद कौम से जुड़ जाता है और बन जाता है कामयाबी में रत एक राष्ट्रभक्त नागरिक।

फिर वही महाकाव्य

पिछली बार इन्तजार हुसैन की 'एक बिन लिखी रज्मिया' की बात खासे आराम से चलते-चलते लगा जैसे कुछ हड़बड़ाहट में खत्म हो गई हो। बहुत सम्भव है कि पढ़ने वालों को कथा के वीर नायक का त्रासद अन्त और उससे उपजा मोहभंग तो समझ में आया हो, पर उसी क्षण में कथा के वर्णनकर्ता का एक राष्ट्रभक्त नागरिक हो जाना उन्हें आरोपित और अविश्वसनीय लगा हो। सो, एक बार फिर वही चर्चा और आगे।

इस बार कहानी के वर्णनकर्ता को केन्द्र में रख कर। यह ध्यान में रखते हुए कि वह बार-बार कहानीकार, इन्तजार हुसैन, को प्रतिध्वनित करता प्रतीत होता है।

वर्णनकर्ता हिजरत करके पाकिस्तान आ तो गया है, पर अभी उसके रोजगार का कोई डौल नहीं हुआ है। अपने ही गाँव कादिरपुर से आए नईम मियाँ से वह सम्पर्क बनाए हुए है कि शायद वह उसे कोई काम दिला दें। नईम मियाँ पुराने मुस्लिम लीगी नेता हैं। जब पाकिस्तान के बन जाने की खबर सुन कर पछुवा ने ऐलान कर दिया था कि वह ईदगाह वाले पीपल पर पाकिस्तानी झंडा फहराएगा–कांग्रेसी झंडा कादिरपुर में नहीं लगने देगा–तो उस खतरे को समझ घबराने वालों में नईम मियाँ सबसे आगे थे। फिर एक दिन, गाँव में कहकर कि दिल्ली जा रहे हैं, पाकिस्तान पहुँच लिए थे। और, जैसा कि एक मुस्लिम लीगी नेता का होना चाहिए था, अब पाकिस्तान में उनका खासा दबदबा था।

नईम मियाँ वर्णनकर्ता को लटकाए हुए हैं। न हाँ करते हैं न ना। इस बीच वह लेखन में लग जाने की कोशिश में हैं। पर तय नहीं कर पाता कि क्या लिखे। पछुवा को हीरो बना एक बड़ी रचना शुरू करने का इरादा था। पर उस सूरमा ने पाकिस्तान में आ धमक वह सारी योजना ही चौपट कर दी। वर्णनकर्ता अपनी डायरी में लिखता है :

'आज सुबह पछुवा मुझे मिला था। कहने लगा : मियाँ, काम-वाम दिलवा दो। साली अब तो पाँव टिकाने की जगह नई ए। बाबू, किस काम आवोगे? और

नई तो घर ही अलाट करवा दो।–पछुवा के मुँह से ये बातें सुन कर मैं भौचक्का रह गया। कादिरपुर में इसके सामने कभी खाने का सवाल खड़ा नहीं हुआ। लेकिन यहाँ आकर यह खाने को रोटी माँगता है और सिर छुपाने को छत चाहता है। मैं उसे मकान और मुलाजमत कहाँ से दिलाऊँ? मैं तो बस उसे अपने नाविल का हीरो बना सकता था। मैंने सोचा था कि उसे बीसवीं सदी का टीपू सुलतान बना दूँ, लेकिन अब तो वह बात ही खत्म हो गई। वह पाकिस्तान चला आया...उसके किरदार की सारी बुलन्दी और अज्मत खाक में मिल चुकी है।'

एक उदासी-सी वर्णनकर्ता के मन में छाने लगती है। उसे महसूस होता है कि लिखने की इच्छा अब उसके अन्दर ठंडी पड़ रही है। शायद, कम से कम उसके लिए, यह वक्त ही गलत है लेखन के लिए। नए राष्ट्र का जन्म हुआ है और चारों तरफ जोर है सर्जनात्मक साहित्य का। पर उसका अपना हाल यह है कि जब भी वह 'पाकिस्तान जिन्दाबाद' का नारा बुलन्द होते सुनता है तो उसके हाथ से कलम गिर पड़ता है। समझ नहीं पाता सर्जनात्मक साहित्य किस जानवर का नाम है। चीजें अपने विलोम से पहचानी जाती हैं। उसने अदब में ऐसी कोई चीज नहीं देखी जो संहारक हो। तो जब अदब संहारकारी नहीं होता तो सर्जनात्मक कहाँ से हो जाएगा? अदब तो बस अदब होता है।

सर्जनात्मक साहित्य की माँग से बौखला कर वर्णनकर्ता ने एक दिन अपने किसी मित्र से यहाँ तक कह दिया कि वह समलिंगरति-होमोसैक्सुअलिटी–पर लिखना चाहता है। दोस्त के बिगड़ कर कहने पर कि यह बड़ा 'मरीजाना' विषय है, वर्णनकर्ता ने पलट कर कहा : 'तो फिर सेहतमंद मौजू आप बता दीजिए।' दोस्त का जवाब था : 'पाकिस्तान पर लिखिए।'

इस पर वर्णनकर्ता अपनी डायरी में लिखता है : 'पाकिस्तान तो जिन्दा हकीकत है। हकीकतों को अफसाना बनाना मेरे बस की बात नहीं है। पाकिस्तान हकीकत है, कादिरपुर अफसाना बन गया। मैं यह अफसाना सुना सकता हूँ। पाकिस्तान की जमीन में रंग भरने की सकत मुझमें नहीं है। कादिरपुर में रंग आमेजी की जरूरत नहीं है, वह खुद अफसाना है। उसकी धरती इस धरती के सपूतों से लाल हो रही है।'

कैसा कमाल का अतिक्रमण है स्थान का–और काल का भी–इस सीधे-सादे लगते संश्लिष्ट वाक्य में। धरती कादिरपुर की है और पाकिस्तान अभी नहीं बना है, पर वह धरती पाकिस्तानी धरती के सपूतों के खून से लाल है।

उन्हीं सपूतों का सिरमौर, महापराक्रमी पछुवा, उस धरती को छोड़ इस धरती–अपनी धरती–आया है। क्या करती है यह धरती अपने सपूत के साथ?

यही सब अपनी डायरी में दर्ज करते-करते वर्णनकर्ता वे दोनों काम कर गुजरता है जो उसके बस में नहीं हैं। असल में अपने होने में दोनों काम एक–शायद एक साथ–हो जाते हैं। पाकिस्तान की हकीकत भी बयान हो जाती है और पिटे हुए पछुवा का महाकाव्य भी उसकी सम्पूर्ण त्रासद गरिमा में उठ खड़ा होता है।

पछुवा को लेकर परेशान वर्णनकर्ता अपनी डायरी में पछुवा के अलावा और कुछ नोट नहीं कर पाता। कभी दया, कभी दुख, कभी विवशता, कभी झुँझलाहट पछुवा को लेकर। पर हर बार वही। एक दिन मदद की उम्मीद में वह नईम मियाँ के घर जा धमका। जो होना था, हुआ। देखें 17 अप्रैल की डायरी :

लेकिन नईम मियाँ वह पहले वाले नईम मियाँ थोड़े ही हैं। अब तो वह काले आदमी से बात नहीं करते। उन्होंने पछुवा को डाँट दिया : अम्मा जिसे देखो मुँह उठाए बगटूट पाकिस्तान की तरफ चला आता है, गोया यहाँ उसके बाबाजी ने रोकड़ दाब दी है। जरा नहीं सोचते कि पाकिस्तान में गुंजाइश कम है।

'...जाहिर है ऐसी कड़वी बात पछुवा कादिरपुर में नहीं सुन सकता था, और कादिरपुर में नईम मियाँ की यह मजाल हो भी नहीं सकती थी कि पछुवा को टेढ़ी नजर से देखते। वहाँ तो उसके सामने उनकी सिट्टी गुम रहती थी। लेकिन अपने घर में चींटी भी शेर होती है। जाहिर है पाकिस्तान नईम मियाँ का घर है, पछुवा का घर नहीं है।'

फिर अचानक पछुवा गायब हो जाता है और बाद में वर्णनकर्ता को खबर मिलती है उस धरती में उसके मार दिए जाने की जहाँ से वह अपनी धरती समझ पाकिस्तान आया था। वर्णनकर्ता फिर एक बार कोशिश करता है अपना नाविल शुरू करने की। पर कलम उठाता है और रख देता है। फिर एक दिन उसको लगता है : 'अदब का जौक-ओ-शौक आदमियत के एहतराम से पैदा होता है। मेरी कौम आदमी की कद्र नहीं करती। अदब का वह खाक एहतराम करेगी।'

नाविल लिखने का इरादा तर्क कर देता है वह। तिजारत करने का फैसला करता है। तल्खी अभी बाकी है। सो डायरी में लिखता है : 'गुलामों की बदनाम तिजारत मैं भी शुरू कर देता, लेकिन अब निजी तौर पर इसकी इजाजत नहीं। हुकूमतों ने यह कारोबार अपने हाथ में ले लिया है।'

इसके दूसरे ही दिन सब कुछ बदल जाता है। डायरी बताती है :

'नईम मियाँ बहुत काम के आदमी निकले। उन्होंने किसी-न-किसी तरह मेरे नाम पनचक्की अलाट करा दी। पनचक्की अलाट होने के बाद मैं अपने आप में एक अजीब किस्म की तब्दीली देख रहा हूँ। जब तक मैं अदब के चक्कर में फँसा रहा, मैं अपने आप को अपनी कौम से कटा हुआ महसूस करता था। मैं अगर

अदब के चक्कर में फँसा रहता तो धोबी का कुत्ता ही बना रहता।...अब मैं अपने आप को एक जिम्मेदार शहरी महसूस करता हूँ। एक उभरती हुई कौम का फर्जशनास फर्द।'

और दो दिन बाद :

'आज मैं आखरी मर्तबा डायरी लिख रहा हूँ। कल से मुझे इतनी फुर्सत कहाँ मिलेगी। डायरी तो ठाली की बेगार है। चक्की का इन्तजाम दुरुस्त हो चुका है।...शहर में इस वक्त पाँच पैसे पसेरी आटा पिस रहा है। मैंने सोचा कि अपने यहाँ इकन्नी पसेरी का भाव रखा जाए ताकि लोग नई पनचक्की की तरफ मायल हों।'

'एक बिन लिखी रज्मिया' सिर्फ पाकिस्तान का फसाना नहीं है। पाकिस्तान यहाँ प्रतीक भी है एक बड़े कभी न खत्म होनेवाले फसाने का। एक फसाना, जिसमें सच्चा नायक, गांधी की तरह, पिटता शेखचिल्ली ही होता है और आम जिन्दगी आदर्श की वक्तन-फवक्तन दुहाई देते हुए अपने-अपने मतलब में बीतती है। स्वार्थ बड़ी सफाई से, और तेजी से, आदर्श का रूप ले लेता है।

गांधी और दत्ता साहब का सवाल

प्रोफसर वीएन दत्ता मेरे गुरु हैं। इनके मार्गदर्शन में मैंने पी-एच.डी. हासिल की। पैंतालीस साल हो गए इस गुरु-शिष्य सम्बन्ध को शुरू हुए। आज भी चल रहा है। ऐतिहासिक शोध के सामान्य नियमों और सिद्धान्तों का प्रारम्भिक ज्ञान उन्होंने ही कराया मुझे। समझाया कि जहाँ तक मुमकिन हो अपने चिन्तन और लेखन को अपने से अलग खड़े होकर देखने की कोशिश हरदम चलती रहनी चाहिए। बौद्धिक काहिली और आसान रास्तों से परहेज करने की सीख दी। मसलन, दिखाया कि किसी विषय का यथार्थ ज्ञान न होने पर, बजाय जरूरी मालूमात हासिल करने के बाद लिखने के, हम 'शायद', 'किसी हद तक', 'बहुत सारे' जैसे वाक्जाल का लगभग अनजाने ही सहारा ले लेते हैं। इस अहसास से भी बचा ले जाते हैं अपने को कि हमने किसी आवश्यक अतिरिक्त उद्यम से जी चुराया है।

शुरू में दत्ता साहब ने हाथ पकड़ कर चलना सिखाया। फिर छोड़ दिया शोध की दुनिया में अपना रास्ता आप टटोलने के लिए। पर देखते रहे कि कहीं ज्यादा तो नहीं भटक रहा। अब भी बन्द नहीं किया है देखना।

कुरुक्षेत्र विश्वविद्यालय की स्थापना हुई ही थी जब कैम्ब्रिज से लौटे दत्ता साहब को वहाँ इतिहास विभाग का संचालन करने के लिए आमन्त्रित किया गया। अन्त तक वे वहीं रहे। एक छोटे शहर और नए विश्वविद्यालय में रह कर इतना काम और नाम किया जितना कम ही भारतीय इतिहासकारों ने किया है।

अवकाश प्राप्ति के बाद से दत्ता साहब दिल्ली में रह रहे हैं। बढ़ती उमर ने अगर उन्हें प्रभावित किया है तो केवल इस तरह कि अध्यापन और विश्वविद्यालय की प्रशासनिक जिम्मेदारियों से मुक्त होकर वे पहले से भी अधिक उत्साह से शोध और लेखन में जुट गए हैं। नित दिन उनको इंडिया इंटरनेशनल सेन्टर के पुस्तकालय में अपने निश्चित स्थान पर पढ़ते-लिखते देखा जा सकता है। अगर वहाँ न दिखें तो नेहरू स्मारक पुस्तकालय में पुराने अखबारों की माइक्रो फिल्में देखते हुए मिलेंगे। हाल ही में गांधी और भगत सिंह पर उनकी एक किताब आई

है। इस समय पंजाब के प्रसिद्ध राष्ट्रवादी अखबार ट्रिब्यून का इतिहास लिख रहे हैं। उनकी प्रश्नाकुलता उमर के साथ और पैनी हुई है। उनके लम्बे अध्ययन, चिन्तन और अनुभव ने उन्हें वह भी दिया है जिसे विज्डम कहते हैं।

दिल्ली बड़ा चकमेबाज शहर है। यह उनको भी अपने फरेब में ले लेता है जो इसे पसन्द नहीं करते। यह अपने निवासियों को व्यस्त रखता है और जो व्यस्त नहीं भी होते उन्हें व्यस्त होने का भ्रम दे देता है, इस विश्वास के साथ कि उनकी व्यस्तता उनकी अर्थवत्ता की निशानी है।

पर यही दिल्ली, मुझे जब-तब मौका देती रहती है दत्ता साहब से बात करने का। उनसे बात करने का मतलब है कि हर बार वह कुछ नया देंगे, जो सोचता रहा हूँ उससे हट कर सोचने को विवश कर देंगे, और किस्मत अच्छी रही तो कोई सूत्र भी हासिल हो जाएगा।

काफी दिन पहले की बात है। मेरे हाथ में कुछ किताबें देख कर दत्ता साहब ने पूछा : 'क्या है ये?' मैंने बताया कि गांधी पर कुछ लिख रहा हूँ और ये किताबें उन्हीं के बारे में हैं। यह सुनते ही दत्ता साहब ने कहा : 'द बेस्ट ऑन गांधी इज गांधी।' इसके बाद जब भी मिलते तो थोड़ी देर गांधी की बात जरूर करते और पूछते कि मेरी किताब कहाँ तक पहुँची है। इसी सिलसिले में एक बार कहा : 'गांधी अपने वक्त से पहले आ गए।'

दोनों ही टिप्पणियों में सूत्र जैसी सघनता है। पर दोनों को ही, जैसे सूत्रों के साथ अक्सर होता है, गलत समझा जा सकता है। गांधी पर गांधी से बेहतर कुछ न होने का अर्थ लगाया जा सकता है कि गांधी पर औरों ने जो लिखा है, उसे पढ़ने की कोई जरूरत नहीं है। इसी तरह गांधी के वक्त से पहले हो जाने पर तर्क दिया जा सकता है कि गांधी ने स्वाधीनता आन्दोलन का जो नेतृत्व किया वह दिखाता है कि गांधी ठीक समय से आए, और लोग तैयार थे उनको सुनने, समझने और मानने के लिए।

सूत्र बगैर गूढ़ अर्थ के नहीं होते। न ही इतिहास वह होता है जो दिखाई देता है। होता भी है तो केवल सतही तौर पर। सतह से हट कर ही गांधी के वक्त से पहले आने की बात को समझा जा सकता है। शनैः-शनैः। कौन था वह गांधी जिससे प्रेरित होकर असंख्य लोग अपना सब कुछ निछावर कर बैठते थे? अपना सब कुछ निछावर करनेवाले वे लोग कब तक उस उदात्त मनःस्थिति में रह पाते थे, जिसमें वे सब कुछ निछावर कर देते थे सहर्ष? सत्य, अहिंसा, प्रेम, अस्तेयादि एक झटके में और कायमी तौर पर लोगों की जिन्दगी में परिवर्तन ला देनेवाले गुण नहीं हैं। खुद गांधी सारी जिन्दगी अपने को गांधी

बनाने में लगे रहे थे। पर गांधी के नाम पर सब कुछ निछावर करनेवालों ने कुर्बानियाँ जो भी की हों, उन लोगों ने अपने को वैसा बनाने की कोशिश नहीं की जैसा बन कर ही गांधी का स्वराज हासिल हो सकता था। स्वराज जिसका केन्द्र है हर व्यक्ति, न कि कोई समूह जो अपने को राष्ट्र मान कर और अपनी परतन्त्रता समाप्त कर राष्ट्रीय प्रभुसत्ता का दावा करता है और राज्य की शक्ति के सहारे स्वराज को राष्ट्रीय स्वतन्त्रता का पर्याय भर मान कर चलाए रखना चाहता है।

न तब और न आज ही व्यक्ति बना स्वराज का केन्द्र और चालक। राज्य की शक्ति और निरन्तर बढ़ती राजकीय हिंसा ही रहे हैं आधार स्वराज के। गांधी जिसे स्वराज मानते थे हमने उसे जल्दी ही भुला दिया। और अब उस स्वराज की सम्भावना की कल्पना भी नहीं रही हमारे बूते की।

इस तरह से देखें, समझ सकें कि गांधी को असल में कभी माना ही नहीं गया, तो दत्ता साहब के सूत्र की मार्मिक सच्चाई उजागर होने लगेगी। दरअसल, यह सूत्र गांधी के जीवन काल और हमारे जीवन काल से भी आगे मानवीय नियति और सतत भविष्य को भी सम्बोधित करता है। पूछता है कि क्या कभी पैदा होंगे गांधी के साथ सही मायनों में चलनेवाले इस संसार में; या हमेशा ही अपने समय से पहले आए जीव बने रहेंगे गांधी?

अभी हाल में मुलाकात हुई दत्ता साहब से इंडिया इंटरनेशनल सेन्टर में। चाय पिलाने ले गए सेन्टर के रेस्तरां में। बताने लगे कि थोड़ी देर पहले ही नेहरू स्मारक पुस्तकालय में ट्रिब्यून की पुरानी फाइलें देख कर लौटे हैं। बोले कि जून 1947 के किसी दिन–जब साम्प्रदायिक हिंसा उग्र हो चुकी थी–ट्रिब्यून के पहले सफे पर गांधी की एक तस्वीर छपी थी। किसी स्टेशन पर गांधी की गाड़ी रुकी थी और वे अपने डिब्बे के दरवाजे पर खड़े थे। तस्वीर के नीचे लिखा था : 'डाई विद द डाइंग लाहौर'। लाहौर के हिन्दुओं और सिखों को सन्देश था यह गांधी का। भागो नहीं डर कर। मर रहे लाहौर के साथ मरो!

दत्ता साहब ने बताया कि इसके बाद उन्होंने पढ़ना बन्द कर दिया। सिर हाथों में लेकर बीस मिनट तक सोचते रहे। सोचते रहे कि वह अगर उस वक्त अपने कुटुम्ब के साथ लाहौर में होते तो क्या करते। मरने देते अपने घरवालों को? तैयार हो जाते वहाँ रुक कर खुद मरने को? सबसे ज्यादा परेशान करनेवाला सवाल उनके लिए यह था कि मौत के लिए तैयार हो भी जाते वे और उनके परिवारवाले, तो अपनी बहन, शुक्ला, को लेकर क्या फर्ज बनता उनका? भगा ले जाने देते मुसलमान दंगाइयों को उसे? होने देते अपनी बहन को बेइज्जत? बन

जाने देते उसे किसी अजनबी मुसलमान की बाँदी या बीवी? छोड़ देते उसे जबरदस्ती मुसलमान बनाए जाने के लिए?

अपने स्वभाव के विपरीत काफी उद्विग्न थे दत्ता साहब यह सब बताते समय।

दत्ता साहब अमृतसर के एक रईस और सम्भ्रान्त हुसैनी ब्राह्मण खानदान से हैं। विभाजन की त्रासदी को उन्होंने नजदीक से जाना है। उस समय के इतिहास से भलीभाँति परिचित हैं। साम्प्रदायिक द्वेष या किसी भी तरह के कट्टरपन से मुक्त हैं वे। परेशान थे कि कैसे कोई गांधी की बात पर अमल कर सकता था उन परिस्थितियों में? कैसे गांधी उम्मीद कर रहे थे कि लोग उनकी बात मानेंगे?

इतिहास की, गांधी की, सिद्धान्त की केवल अकादमिक स्तर पर बात करना आसान है। पर एक बार अपने लोगों को फँसा देख लो ऐसे विकराल संकट में तो दिमाग चकराने लगता है। शायद जरूरत है किसी समस्या या सिद्धान्त को न सिर्फ निराकार से साकार बना कर उसका विश्लेषण करने की, बल्कि उसको इतना अपने पास ले आने की कि हम खुद उसमें फँसा महसूस करने लगें। वैसे ही जैसे दत्ता साहब गांधी की तस्वीर और 'मर रहे लाहौर के साथ मरो' को देख कर अपने परिवार और बहन शुक्ला समेत जून 1947 के भयावह लाहौर में फँसा महसूस करने लगे अपने आपको।

अपने गुरु को इस तरह विचलित पाकर मैं भी विचलित होने लगा। और तब से इस बाबत सोचता रहा हूँ। ऐसा तो है नहीं कि उस दिन का ट्रिब्यून देखने से पहले दत्ता साहब, और उनकी बातें सुनने से पहले मैं, जानते नहीं थे गांधी के अहिंसा पर इसरार के बारे में। अपनी जिन्दगी के आखिरी दिन तक गांधी कहते रहे, बार-बार और चिल्ला-चिल्ला कर, कि सारी बर्बरता और सारे पागलपन के बावजूद हिन्दुस्तान के मुसलमानों को हिन्दुस्तान और पाकिस्तान के हिन्दुओं और सिखों को पाकिस्तान अपना घर मान कर वहीं बने रहना चाहिए।

जब जर्मनी में यहूदियों पर बढ़ते अत्याचार के चलते उनके लिए एक अलग राज्य बनाने की माँग ने जोर पकड़ा और गांधी से उस माँग का समर्थन करने को कहा गया तो उनका जवाब था कि यहूदियों को उसी देश को अपना घर बनाना चाहिए जिस देश में वे पैदा हुए हैं। इतना ही नहीं, यह स्वीकार करने के बाद भी कि हिटलर के हाथों हो रहे यहूदियों के उत्पीड़न जैसा उत्पीड़न इतिहास ने नहीं जाना था, और यह भी कि इस प्रक्रिया में जर्मनी के सारे यहूदी मारे जा सकते हैं, गांधी ने कहा कि यहूदियों को हिटलर का अहिंसात्मक प्रतिरोध करना चाहिए।

इसके दो साल बाद, 1940 में, जब ब्रिटेन पर हिटलर के हमले का खतरा मँडरा रहा था, गांधी ने ब्रिटेनवासियों को भी वही राय दी। आदमी, औरत, बच्चे सब जनसंहार के लिए तैयार हो जाएँ, पर जर्मनी की अधीनता न मानें, गांधी ने कहा।

'मर रहे लाहौर के साथ मरो' में कोई नई माँग गांधी ने नहीं की थी। फिर परेशानी कैसी?

इस परेशानी में ही लगता है कुंजी है अहिंसा की सफलता या विफलता की। कब अहिंसा को लेकर यह परेशानी इतनी बढ़ जाती है कि अहिंसा की माँग न केवल अव्यावहारिक, बल्कि पागलपन—गांधी का पागलपन—लगने लगती है? कब यह परेशानी शुरू होकर न सिर्फ घटने लगती है, बल्कि ऐसे सामूहिक उत्साह—जुनून—का रूप ले लेती है कि इसके आगे बड़ी से बड़ी हिंसा असहाय हो जाती है? जैसा कि राष्ट्रीय आन्दोलन के दौरान हुआ।

दोनों ही स्थितियों में हमारी व्यावहारिक बुद्धि, हमारी आदर्शवादिता और हमारी स्वार्थपरता का कौन सा मेल तैयार होता है? क्या गांधी का अनुसरण केवल आदर्शवश होता था, है और होगा? या उस अनुसरण में भी व्यावहारिकता और स्वार्थ कुछ इस तरह घुल-मिल जाते हैं कि हम अपना काम भी बनाते हैं और अपनी उदात्त आत्म छवि भी बनाए रखते हैं?

ये अकादमिक प्रश्न तो हैं ही, भले ही इन पर इस तरह विचार कम ही हुआ हो। पर ये ऐसे प्रश्न भी हैं जिनका सामना हमको अपनी रोजमर्रा की जिन्दगी में करना पड़ता है, और प्रायः हम उनसे कतराते रहते हैं।

'हिन्दू धर्म का कत्ल'

आज़ादी से साढ़े चार महीने पहले, 2 अप्रैल, 1947 के दिन, अपनी शाम की सार्वजनिक प्रार्थना सभा में गांधी ने कहा : 'मैं इतना ही कहूँगा कि यह हिन्दू धर्म का कत्ल हो रहा है। आप लोग सोचिए और समझिए।' इसके ठीक दूसरे दिन प्रार्थना सभा में ही बोलते हुए उन्होंने कहा : 'यदि आपको झगड़ा करके ईश्वर का नाम लेना है तो वह नाम तो ईश्वर का होगा, पर काम शैतान का होगा।' हिन्दू धर्म के कत्ल की बात करने से एक दिन पहले गांधी ने अपने प्रार्थना-प्रवचन में कहा था : 'और वे जैसा करते हैं वैसा हम नहीं करते क्या? बिहार में हमने औरतों के साथ क्या नहीं किया! हिन्दुओं ने किया याने मैंने किया। यह शर्मिंदा होने की बात है।'

शर्मिंदा होने की बात। हिन्दुओं ने किया याने मैंने किया। गांधी क्रिया और प्रतिक्रिया की, पहल और प्रतिशोध की बात नहीं उठाते। वह बात उठाते हैं गुस्से की, गुस्से से पैदा हुए पागलपन की, और शान्ति की। अगर सभी पागलपन पर आमादा हो जाएँगे तो शान्ति कहाँ से आएगी? सही और गलत की तमीज और गलत करने पर शर्मिंदगी और प्रायश्चित्त का क्या होगा? उस पागलपन में तो अपना पाप भी पुण्य ही दिखाई देगा और अपना अधर्म धर्म।

गांधी की संवेदना पूरी तरह धर्म में पली थी। और इस धर्म को वे हिन्दू धर्म मान कर चलते थे। पर उनका हिन्दू धर्म किसी संकीर्ण पारिभाषिक अर्थ में 'हिन्दू' नहीं था। वह एक व्यापक अर्थ में केवल 'धर्म' था। 'हिन्दुओं ने किया याने मैंने किया' वाले प्रवचन में ही उन्होंने कहा : 'मेरे सामने अलग-अलग धर्म जैसा कुछ नहीं है।' उनका धर्म या हिन्दू धर्म, इस अर्थ में भी व्यापक था कि वह जीवन के हर पहलू को अपने में समेटे था। वहाँ निजी और सार्वजनिक की या धर्म और राजनीति की अलहदगी नहीं थी।

गांधी की धार्मिक संवेदना और उससे जुड़े मुहावरे की सच्चाई किसी धर्म की मोहताज नहीं है। उसकी तह में एक ऐसा नैतिक बोध है जो बगैर अपना

सत्त्व खोए किसी भी धर्मनिरपेक्ष, नास्तिक या नितान्त इहलौकिक शब्दावली में परिभाषित हो सकता है। सभ्य सामाजिक जीवन की अनिवार्य शर्त है वह संवेदना। दीन ही नहीं, दुनिया को भी खतरा होता है उस संवेदना के भोथरे होने से।

हाल ही में काफी कुछ हुआ है हमारे यहाँ जो हमारी बढ़ती असभ्यता और घटती इनसानियत को उद्घाटित करता है। पर गुजरात में एक बार फिर नरेन्द्र मोदी का लगभग दो-तिहाई का बहुमत लेकर सत्ता में आना कुछ ज्यादा ही विचलित करता है। और उतनी ही परेशानी होती है उन पढ़े-लिखों के उस स्वीकार भाव से जिसमें मोदी की जीत के कारणों को समझने की कोशिश के साथ-साथ तथाकथित मोदीत्व के प्रति दबा या उन्मुक्त उत्साह भी है।

कहा जा रहा है कि गुजरात के लोग 2002 की हिंसा में ही फँसाए रखे जाने के बजाय विकास के रास्ते पर तेजी से आगे बढ़ना चाहते हैं। नरेन्द्र मोदी ने पिछले पाँच सालों में अपनी ईमानदारी, कर्मठता और राज्य के विकास के प्रति समर्पण से लोगों का विश्वास अर्जित कर लिया था। जिस तरह मोदी ने न सिर्फ कांग्रेस, बल्कि अपनी पार्टी के शक्तिशाली बागियों को भी अपने करिश्मे के बूते पर मात दे दी उससे स्पष्ट है कि भारतीय राजनीति में एक नया, और नई तरह का, नेता उभर आया है। अब मोदी का जिक्र गुजरात तक सीमित न रह कर दिल्ली से भी जुड़ गया है।

और यह सब, कुछ अपवादों को छोड़कर, या तो बड़े संयत विश्लेषणात्मक अन्दाज में होता है या आशामय आतुरता से। कोई भय नहीं, कोई आशंका नहीं, कोई भर्त्सना नहीं।

दुर्भाग्य से मैंने 1990, 1992 और 2002 के दौरान गुजरात में हुई साम्प्रदायिक हिंसा को वहाँ रह कर देखा है। आज तक 1992 में सूरत के एक शरणार्थी शिविर में हुआ वह मनहूस अनुभव भूल नहीं पाया हूँ। एक अधेड़ मुसलमान महिला चिल्ला-चिल्ला कर आपबीती सुना रही थी। उसकी बगल में एक छोटी-सी लड़की—बारह-तेरह की रही होगी—फटी-फटी आँखों से न कहीं देखती खड़ी थी। तभी उस औरत ने इस लड़की की तरफ इशारा किया। और उतनी ही जोर से बोलते हुए कहा : 'भाई, उन्होंने इस लड़की के साथ बुरा काम किया। इस लड़की के साथ।' लड़की वैसे ही खड़ी थी।

मैं जान-बूझकर मोदी से पहले की हिंसा का हवाला दे रहा हूँ। इसके दस साल बाद मोदी की चौकसी में जो हिंसा हुई वह इससे भी भयंकर और ज्यादा व्यापक थी। उस हिंसा का आँखों देखा हाल उसी समय 'जनसत्ता' में लिख चुका

हूँ। यहाँ दुहराऊँगा नहीं। सिर्फ एक सवाल उठाऊँगा। 1990, 1992 और 2002 में हिन्दुत्व के नाम से फट पड़ी साम्प्रदायिक हिंसा क्या अचानक, या हाल में, पैदा हो गए किसी विकार का नतीजा थी? या यह कहीं गहरे में हमारे सामूहिक सांस्कृतिक-ऐतिहासिक चरित्र—हमारी सामूहिक मानसिकता—से जुड़ी हुई है? या यह सीधे-सीधे हमारी उस मानवीय बनावट से जुड़ी है जो हममें से हरेक को एक साथ इनसानियत और हैवानियत दोनों की सम्भावनाओं से भर देती है?

भले आप उसे गोधरा के प्रतिशोध के रूप में देखें, 2002 में हुई गुजरात की हिंसा बहुत ही भयावह थी। पर उससे भी ज्यादा भयावह थी नरेन्द्र मोदी की जबरदस्त चुनावी जीत। उस जीत के बाद इस भुलावे की गुंजाइश नहीं बची कि खतरा किसी एक व्यक्ति या किसी खास विचारधारा वाले गिरोह से है। उस व्यक्ति और उस गिरोह को दो-तिहाई से ज्यादा सीटें दिलानेवाले तो गुजरात के आम हिन्दू आदमी और औरतें ही थे। उस समय तो नरेन्द्र मोदी विकास के खलीफा नहीं बन पाए थे। न ही वह अपनी ईमानदारी या प्रशासनिक कुशलता दिखा पाए थे। उनकी कुल जमा-पूँजी तब तक थी मुसलमानों का उत्पीड़न और गुजराती गौरव का थोथा नारा। क्या जनादेश दिया था गुजरात के बहुसंख्यक हिन्दुओं ने मोदी को उस वक्त?

आज पाँच साल बाद, फिर उन्हीं लोगों ने एक जनादेश दिया है उसी मोदी को। इसमें विकास का मुद्दा भी जुड़ गया है। पर इसको हासिल करने में, 2002 की ही भाँति, इस बार भी मोदी ने बड़ी चतुराई से गुजराती अस्मिता और गौरव का इस्तेमाल किया है। इस सम्बन्ध में यह याद रखना जरूरी है कि गुजराती अस्मिता और गौरव कोई नया जज्बा नहीं है। आधुनिक गुजरात के निर्माण की शुरुआत में नर्मद के 'जय जय गर्वी गुजरात' और बाद में कांग्रेसी कन्हैयालाल माणिकलाल मुंशी से लेकर आज तक 'गुजरात नी अस्मिता' या 'गुजरात नी राष्ट्रीय अस्मिता' मूल रूप से एक हिन्दू चेतना रही है। इस चेतना की गहराई में मुसलमान या ईसाई, गुजराती होकर भी, अपने नहीं हैं। पराए हैं।

सन् 2002 में मोदी को मिले जनादेश का हिन्दुत्व इरादतन आक्रामक था। एक खुली चुनौती। मोदी को फिर सत्ता सौंप कर गुजरात के बहुसंख्यक हिन्दुओं ने अपना हिन्दुत्ववादी जनादेश खारिज नहीं किया है। विकास का मुद्दा नत्थी कर दिया है उसके साथ।

मोदी को मत देनेवालों में सम्भव है कुछ को लगा हो कि उनके पास कोई विकल्प नहीं है। पर कहीं न कहीं उनके मन में भी हिन्दुत्व-मोदीत्व के लिए सहानुभूति रही होगी। वरना 2002 की याद उन्हें रोक न देती, मोदी के पक्ष

में मतदान करने से? विकल्प न रहने पर भी मोदी तो विकल्प नहीं हो सकता था, न!

गांधी के मुहावरे में कहें तो मोदी के असंख्य हिन्दू समर्थकों को सोचना और समझना होगा कि उन्होंने अपने ही धर्म पर कुठाराघात किया है। मुहावरा बदल दें तो उन्हें सोचना और समझना होगा कि समाज इनसानियत के बगैर कहाँ जाएगा।

वैसे मुझे डर लगता है कि जल्दी ही गुजरात में गांधी याद किए जाने लगेंगे देश (हिन्दुओं) को नपुंसक बना देने के लिए।

फिर गांधी

आजकल गांधी के आखिरी ढाई-तीन सालों पर एक किताब लिख रहा हूँ। पिछले कई सालों से पक रही थी यह किताब मन/दिमाग में। लगता था जिस दिन शुरू करूँगा, तेजी से चल निकलेगा लिखना और दो-तीन महीने में पूरी हो जाएगी किताब। पर साल दर साल टलता गया लिखना। पता नहीं काहिली थी या अन्दर बैठा कोई अहसास कि अभी तैयारी मुकम्मल नहीं हुई है इस किताब के लिए। या दोनों ही।

खुश हूँ कि काम शुरू हो गया है। लेकिन जैसा सोचा था उसके विपरीत काम धीरे-धीरे चल रहा है। सरपट दौड़ नहीं रहा।

मैं गांधी का भाँड़ हूँ। पर दिक्कत यह है कि गांधी के यहाँ अन्धभक्ति की गुंजाइश है नहीं। श्रद्धा मूल्यवान है वहाँ, पर विवेक के अभाव में अर्थहीन।

सो, आजकल अचानक ऐसे पल आ जाते हैं जब गांधी का सच्चा भाँड़ होने की वजह से, मैं उनको लेकर सन्देह में फँस जाता हूँ। ये सन्देह प्रायः ऐसे होते हैं, जिनके समाधान—निर्णायक समाधान—अगर असम्भव नहीं तो बहुत कठिन तो हैं ही।

ऐसे ही एक सन्देह की चर्चा मैं यहाँ करना चाहता हूँ।

गांधी, भूलना मुश्किल है, 15 अगस्त, 1947 के उत्सव के वक्त दिल्ली में नहीं थे। एक हफ्ता पहले ही वे नोआखाली पहुँचने के लिए कलकत्ता की गाड़ी में बैठ लिए थे। पूर्वी बंगाल का वही मुस्लिम बहुल जिला जहाँ अक्तूबर 1946 में हिन्दू भयंकर साम्प्रदायिक हिंसा का शिकार हो रहे थे, जो अब पाकिस्तान का हिस्सा बनने जा रहा था। नोआखाली में हिंसा के फूट पड़ते ही गांधी वहाँ चले गए थे और लगातार चार महीने तक गाँव-गाँव में जाकर हिन्दुओं और मुसलमानों को जोड़ने की मुहिम चलाई थी। तेजी से बदल रहे राजनीतिक परिदृश्य के उस दौर में गांधी पर दूसरे अनेक दबाव भी थे। नतीजतन, अपनी नोआखाली की मुहिम को अपने चन्द सहयोगियों के हाथों में सौंप कर वे चार महीने बाद वहाँ से लौट आए।

अब जब कि हिन्दुस्तान और पाकिस्तान आज़ादी की तैयारी में थे और जगह-जगह तेजी से नृशंस होती साम्प्रदायिक हिंसा फूट रही थी, गांधी समझ गए थे कि उन्हें फिर नोआखाली में होना था। नोआखाली में शान्ति लाने के बाद–और उन्हें विश्वास था कि वह जल्दी ही ऐसा कर पाएँगे–गांधी पंजाब जानेवाले थे। और पंजाब का मतलब उनके लिए था पूरा पंजाब। पूर्वी पंजाब में पागल हो गए हिन्दुओं और सिखों को वापस होश में लाना जितना जरूरी था उतना ही जरूरी था पश्चिमी पंजाब और बाकी पाकिस्तान के वैसे ही पगलाए मुसलमानों और उनके नेताओं के दिलों को बदलना।

इस इरादे से कलकत्ता पहुँचे गांधी वहीं फँस गए। शहर में हिन्दुओं की साम्प्रदायिक हिंसा फैल रही थी। मुसलमान संकट में थे। उनके नेताओं ने गांधी से विनती की कि शहर में शान्ति बहाल करा कर ही वे आगे जाएँ। इनमें सुहरावर्दी भी शामिल थे। वही सुहरावर्दी, जो गुंडों के सरदार माने जाते थे और जिनके बारे में हिन्दुओं को यकीन था कि बंगाल के प्रधानमंत्री की हैसियत से उन्होंने ही 16 अगस्त, 1946 को कलकत्ता में हिन्दुओं के खिलाफ हुई अभूतपूर्व साम्प्रदायिक हिंसा को सम्भव बनाया था।

गांधी रुक गए। इस शर्त पर कि सुहरावर्दी उनके साथ शहर के उपद्रवग्रस्त किसी इलाके में एक ही घर में रहेंगे। और यह भी कि सुहरावर्दी अपने प्रभाव का इस्तेमाल नोआखाली में शान्ति कायम करने के लिए करेंगे।

दो दिन, 13 और 14 अगस्त, साथ रहे थे गांधी और सुहरावर्दी कि कलकत्ता शान्त हो गया। इस शान्ति पर लिखे अपने एक सम्पादकीय का शीर्षक गांधी ने दिया 'चमत्कार या संयोग'। शीर्षक से ही स्पष्ट है कि गांधी इस अचानक आ गई शान्ति को लेकर प्रसन्न कितने ही हों, थोड़े आशंकित भी थे।

दोनों नेता इसके बाद भी साथ रहे। जब लगा कि शान्ति छलावा नहीं है, उन्होंने तय किया कि 1 सितम्बर को वे साथ-साथ नोआखाली के लिए रवाना होंगे। 31 अगस्त की रात सुहरावर्दी अपने घर चले गए ताकि नोआखाली जाने की तैयारी कर सकें।

उसी रात, तकरीबन दस बजे जब गांधी सो रहे थे, हिन्दू युवकों के एक झुंड ने उन पर हमला बोल दिया। हिंसा पर उतारू ये लोग कुछ भी सुनने को तैयार नहीं थे। गांधी ने कई बार बोलने की कोशिश की। नहीं बोलने दिए गए। इसी बीच पत्थर और लाठी से दो वार भी हुए उन पर। पत्थर खाली गया। लाठी गांधी के एक मुसलमान सहायक को लगी।

नोआखाली फिर टल गई।

दूसरे दिन रात के भोजन के बाद से गांधी अनिश्चित अनशन पर चले गए। शहर में शान्ति स्थापित होने पर ही उनका उपवास टूटना था।

फिर एक चमत्कार हुआ। अनशन के तीसरे दिन तक कलकत्ता शान्त हो गया। 31 अगस्त की रात को गांधी पर हमला करनेवाले कुछ नौजवानों ने आकर उनसे माफी माँगी। कुछ लोगों ने अपने अवैध हथियार समर्पित कर दिए।

नतीजतन 4 सितम्बर को हर समुदाय और राजनीतिक गुट के प्रतिनिधियों ने आकर गांधी से उपवास तोड़ने का आग्रह किया। पर ऐसा करने से पहले गांधी ने उनसे दो आश्वासन माँगे। पहला, यह कि वे ईमानदारी से कह सकते थे कि यह शान्ति कलकत्ता के लोगों में हुए हृदय परिवर्तन के कारण थी। दूसरा, यह कि वहाँ फिर ऐसा पागलपन नहीं होगा।

इतना ही नहीं, चूँकि गांधी से अनशन समाप्त करने का आग्रह करनेवाले लोग सर्वज्ञ नहीं थे, उनको यह आश्वासन भी देना था कि अगर कलकत्ता में फिर कभी साम्प्रदायिक हिंसा हुई तो ये लोग उसको रोकने और मुसलमानों की सुरक्षा में अपनी जान तक दाँव पर लगा देंगे।

गांधी इस तरह की लिखित प्रतिज्ञा चाहते थे। अनशन समाप्त करने की उन्हें कोई जल्दी नहीं थी। उनके पास आए नेताओं का फर्ज था कि सोच-समझ कर फैसला करें। पर झूठा वादा न करें। वैसा किया तो गांधी का खून उनके सिर पर होगा।

जहाँ तक उनका अपना सवाल था, यह निश्चित था कि अगर इस अनशन के बाद फिर कलकत्ता में साम्प्रदायिक हिंसा उभरी तो वह आमरण अनशन कर देंगे, जो किसी के रोके न रुकेगा।

यह तो रही घटना, जिसको कम या ज्यादा विस्तार में आप सभी जानते होंगे। अब मेरी परेशानी इसको लेकर।

गांधी के कलकत्ता के चमत्कार पर बहुत कुछ लिखा गया है। इनमें सबसे स्मरणीय है माउंटबेटन का वक्तव्य कि जहाँ पचपन हजार सैनिक पंजाब में कुछ न कर सके, वहाँ अकेले गांधी ने बंगाल को साम्प्रदायिक दंगों से मुक्त कर दिया।

वह चमत्कार निर्विवाद है। पर क्या वह, गांधी के अर्थों में, अहिंसा का चमत्कार था? क्या कभी गांधी कोई सच्चा अहिंसा का चमत्कार दिखा सके? क्या निकट–या सुदूर–भविष्य में ऐसे चमत्कार की कल्पना की जा सकती है?

4 सितम्बर को कलकत्ता में बड़ी तेजी से घट रहे उस घटनाक्रम से यह बिलकुल साफ हो जाता है कि हर कोई गांधी को बचाने के लिए व्यग्र था।

उनकी मौत का खयाल तो डरानेवाला था ही, यह भी कम परेशान करनेवाली बात नहीं थी कि शहर जल रहा था और गांधी शहर की खातिर फाके में पड़े थे।

पर उतनी ही साफ यह बात भी है कि गांधी जिस लिखित वचन की माँग कर रहे थे उसने उनके पास आए लोगों को त्रस्त-सा कर दिया। गांधी के पास बड़े उत्साह से, और अपार राहत महसूस करते हुए आए थे ये लोग। आकर फँस गए थे इस अप्रत्याशित दुविधा में। मरने दे नहीं सकते थे गांधी को और अपनी नैतिक हैसियत जानते हुए ईमानदारी से वह भीष्म प्रतिज्ञा भी नहीं कर सकते थे।

सुहरावर्दी ने कोशिश भी की सबको उबारने की इस धर्मसंकट से। कहा कि गांधी की शर्त थी कि कलकत्ता में शान्ति आने पर ही टूटेगा उनका व्रत। सो नई शर्तें अब कैसी?

गांधी न माने। जिन्हें प्रतिज्ञा करनी थी उनकी परेशानी जस की तस रही। आखिर में गांधी को अकेला छोड़कर वे बगल के कमरे में गए आपस में सलाह करने। वक्त तेजी से बीत रहा था। रात के नौ बज चुके थे। गांधी को मरता तो छोड़ नहीं सकते थे। वापस आए। प्रतिज्ञा पत्र साथ था। सवा नौ बजे गांधी का अनशन खत्म हुआ। तिहत्तर घंटे बाद।

गांधी स्वयं कौन-सी मनःस्थिति में थे कि उस नैतिक दबाव को अनदेखा कर गए, जिससे विवश होकर उन भले लोगों ने लिखित वचन दे दिया? उस दबाव में निहित हिंसा को न देख सके।

गांधी का न होना

दो बार हर साल गांधी को रस्मन याद किया जाता है। इस साल उनको सारे साल याद किए जाने की योजना है। वैसे ही जैसे पिछले साल 1857 को याद किया गया था। 1857 के डेढ़ सौ साल पूरे होने पर। इस साल गांधी की बारी है। उनकी हत्या के साठ और उनकी बीज पुस्तिका 'हिन्द स्वराज' के सौ साल पूरे होने पर। गांधी की हत्या और हिन्द स्वराज दोनों ही ऐतिहासिक घटनाएँ हैं। अच्छा है, साठ साल और सौ साल के बहाने ही सही, इन महत्त्वपूर्ण घटनाओं पर थोड़ा-बहुत विचार होगा। हमें मौका मिलेगा समझने का कि भारतीय राष्ट्रीय आन्दोलन को एक नए ढर्रे पर चला देनेवाले गांधी—राष्ट्रपिता—की हमारी इतनी बदल गई दुनिया में कोई प्रासंगिकता है या नहीं।

प्रासंगिकता वैसे नहीं जैसे हर दो अक्तूबर और तीस जनवरी को हर पिछले दो अक्तूबर और तीस जनवरी की ही तरह, रटे-रटाए अन्दाज में अहिंसा, सत्याग्रह वगैरा की महिमा बखानी जाती है। गांधी की प्रासंगिकता का फैसला उनसे और अपने आप से जूझ कर ही हो सकता है। जूझते रह कर। दोनों से।

गांधी की हत्या और हिन्द स्वराज दोनों ही ऐतिहासिक घटनाएँ हैं। पर उनके ऐतिहासिक होने की प्रक्रिया बहुत भिन्न है। गांधी की हत्या अपने घटने के पल से ही ऐतिहासिक हो गई। हिन्द स्वराज कब ऐतिहासिक घटना बना कहना कठिन है। अलग-अलग लोगों ने अलग-अलग वक्त पर इसकी ऐतिहासिकता को समझा। कुछ कभी समझे ही नहीं। इन न समझनेवालों में एक महत्त्वपूर्ण नाम है गोपाल कृष्ण गोखले। एक और उतना ही महत्त्वपूर्ण नाम है जवाहरलाल नेहरू। एक गांधी का राजनीतिक गुरु, दूसरा उनका राजनीतिक वारिस। गुरु और वारिस दोनों ने ही हिन्द स्वराज को सिरे से खारिज कर दिया था।

और देश ने भी। जब तक आज़ादी की लड़ाई चली, गांधी ने हिन्द स्वराज को व्यवहार में लाने की बात नहीं की। जब आज़ादी आई तो सत्तारूढ़ कांग्रेस ने हिन्द स्वराज पर विचार करना भी जरूरी नहीं समझा।

तो काहे में है हिन्द स्वराज का ऐतिहासिक महत्त्व? इसके ठुकराए जाने में?

हिन्द स्वराज से अलग गांधी की कल्पना नहीं की जा सकती। तो क्या हिन्द स्वराज का ठुकराया जाना गांधी को ही ठुकरा देना नहीं है? इस सिद्धान्त से गांधी का महत्त्व काहे में है? ठुकराए जाने में?

हिन्द स्वराज माना कभी न गया हो, जाहिरन ठुकराया गया 1945 के अन्त में जब निश्चित हो गया था कि नेहरू के नेतृत्व में कांग्रेस आज़ाद हिन्दुस्तान में सत्तासीन होगी। पर गांधी उससे पहले भी कई बार ठुकराए जा चुके थे। स्वाधीनता आन्दोलन के आखिरी बत्तीस सालों में उससे जुड़े रहने के दौरान कई बार या तो वह स्वयं कांग्रेस से अलग हुए या कांग्रेस ने खुलेआम उनकी नीतियों से अपने को अलग कर लिया। लेकिन 1945 में जो हुआ वह इससे अलग था। यह एक ऐलान था कि देश गांधी के सिद्धान्तों पर नहीं चलेगा।

यह गांधी के लिए एक बड़ा झटका था। शायद देश के बँटवारे से भी बड़ा झटका। पर देश के विभिन्न भागों में फूट रही साम्प्रदायिक हिंसा से निपटने के अपने भगीरथ प्रयास में फँसे गांधी के पास और कोई बड़ी मुहिम छेड़ने का वक्त ही नहीं था।

इस प्रयास में सफल होने से पहले ही–और इस प्रयास के कारण भी–गांधी की हत्या हो गई। स्वतन्त्र भारत अपने राष्ट्रपिता को मुश्किल से साढ़े पाँच महीने सुरक्षित रख सका।

अगर गांधी की भाषा में कहें तो ईश्वर ने अपने भक्त की प्रार्थना सुन ली थी। 125 वर्ष तक जीने की कामना करनेवाला यह भक्त बार-बार ऊपर उठा लिए जाने की प्रार्थना करने लगा था अब। हाँ, अपनी प्रार्थना में इतना जरूर जोड़ देता था कि अगर ईश्वर को उससे और कोई काम नहीं लेना है तो अब वह इस आग में और नहीं जीना चाहता।

ईश्वर को वाकई कोई और काम नहीं लेना था गांधी से?

वैसे माया ईश्वर की हो या ऐतिहासिक शक्तियों की, इसमें गांधी जैसे व्यक्तियों को काम करने के लिए सशरीर पृथ्वी पर रहना जरूरी नहीं होता। अपने लेखन–जिसका सार हिन्द स्वराज है–के आधार पर गांधी आश्वस्त थे कि इस पार्थिव शरीर के नष्ट हो जाने भर से उनका विकास–उनका काम–रुकेगा नहीं।

जिसका मतलब हुआ कि गांधी के महत्त्व और उनकी प्रासंगिकता का लेखा-जोखा केवल अतीत में किए गए उनके योगदान तक सीमित न रह कर भविष्य में उनके सिद्धान्तों की सम्भावनाओं के आधार पर भी होगा। यानी कि यह नतीजा निकलने पर भी कि अपने जीवन काल में विफल ज्यादा और सफल

कम हुए गांधी, भविष्य खुला हुआ है उनके सिद्धान्तों की सफलता के लिए। गांधी के योगदान का खाता खुला ही रखना पड़ेगा।

गांधी स्वयं इसी विश्वास के साथ परलोक सिधारे कि विफलता ही उनके हाथ लगी। लगता नहीं, एक बुनियादी स्तर पर, कि उनका ऐसा सोचना गलत था। पर विफल रहने के घोर क्लेश के बावजूद अपने सिद्धान्तों में उनका विश्वास अडिग रहा। आज़ादी से ठीक दो महीने पहले एक सन्देश में उन्होंने कहा : 'मैं तो दिवालिया हो गया हूँ; लेकिन अहिंसा का दिवाला कभी नहीं निकल सकता।' इसी सन्देश में उन्होंने आगे और कहा : 'मैं अपने सब सलाहकारों से यह प्रार्थना करता हूँ कि वे मेरे साथ धीरज रखें और इससे भी ज्यादा यह कि वे मेरी इस श्रद्धा में हिस्सेदार हों कि इस दुखी जगत की पीड़ा हटाने के लिए कठिन होने पर भी सिवा अहिंसा के और कोई सीधा और साफ रास्ता नहीं है।'

गौरतलब है यहाँ गांधी का 'कठिन होते हुए भी' कहना। विडम्बना, या त्रासदी, यह है कि सदियों के 'विकास' के बाद सीधे और साफ रास्ते को हमने कठिन ही नहीं लगभग असम्भव बना लिया है। बार-बार आसान लगते टेढ़े रास्तों को चुन कर हमने ऐसा चक्रव्यूह बना लिया है जिससे बाहर आ पाना असम्भव-सा हो गया है। धीरज और श्रद्धा दोनों का ही टोटा पड़ गया है हमारे जीवन में।

हमारी हिंसा भी 'नामर्दों' की हिंसा होकर रह गई है। बड़े दुख से गांधी ने यह बात कही थी। अहिंसा को परम धर्म मानते हुए भी वह कहते थे कि 'एक मर्द की हिंसा भी होती है।' कायर की अहिंसा के मुकाबले बहादुर की हिंसा मान्य थी उन्हें।

मरने के बाद भी अपने विकास के जिस विश्वास को लेकर गांधी सिधारे, उसका तकाजा है कि हम उनके सिद्धान्तों को समयानुसार परिभाषित करते रहें। इस हद तक भी कि सतही नजरवाले सोचने लगें कि यह गांधी का पुनराविष्कार नहीं निषेध है। सिद्धान्तों के प्रति गांधी के रवैए में कट्टरता और समझौते का अजीब मेल था। कभी-कभी तो उनका व्यवहार उनके अन्तरंग सहयोगियों तक को हैरत में डाल देता था। 1909 में हिन्द स्वराज में प्रतिपादित सिद्धान्तों को अन्त तक मानते रहे वह। पर उन सिद्धान्तों की किसी तार्किक-तात्त्विक विशुद्धता से चिपके बगैर।

मसलन, हिन्द स्वराज में अहिंसा की अनिवार्यता स्थापित करने के केवल सात साल बाद प्रथम विश्वयुद्ध में भागीदारी की गांधी ने। यह जानते हुए कि उनके कुछ प्रमुख साथी विरोध करेंगे इसका। अपनी आत्मकथा के 39वें अध्याय में जिस तरह गांधी ने अपने इस कृत्य को बयान किया है वह कम से कम मुझे

सन्तुष्ट नहीं करता। फिर भी गांधी के जीवन और सोच में काफी कुछ है जो हमें हिंसा के प्रश्न पर सोचने को विवश करे। कारण जो भी हो, ऐसा अभी तक हुआ नहीं है। गांधी की हमारी समझ गम्भीर रूप से अपूर्ण रहेगी जब तक हम अहिंसा के परिप्रेक्ष्य में उस हिंसा के स्वरूप और परिस्थितियों को समझने की शुरुआत नहीं करते, जिसे नैतिक हिंसा कहा जा सके।

इसके अपने खतरे हैं। पिछले सालों में आम बन गए हिंसा और आत्म-बलिदान के नए सम्मिश्रण ने वैसे ही एक भ्रामक शहादत पैदा कर दी है। एक नया नैतिक आधार–गांधी के नाम में–हिंसा को, सम्भव है, और भी अनियंत्रित कर दे। पर इस तरह का खतरा तो गांधी की अहिंसा को लेकर भी रहा है। इतना कि स्वतन्त्र भारत में सत्याग्रह तो हुए इने-गिने, सामूहिक दुराग्रह की बाढ़ रही एक लम्बे अरसे तक।

मासूमों को मारनेवाली पर साथ ही आत्मघात करवानेवाली आज की हिंसा एक साथ ही, गांधी की शब्दावली में, नामर्द की हिंसा भी है और मर्द की हिंसा भी। कठिन समय है यह। गांधी का परम मन्त्र–'हर कोई अपने को देखे'–भी लगता है इस कठिन समय में आत्म-मंथन से ज्यादा आत्म-प्रवंचना को ही ज्यादा उजागर करेगा।

हिंसा हर तरफ

रोज-रोज हिंसा की खबरें पढ़ने-देखने को मिलें तो हम अनजाने ही हिंसा के आदी होने लगते हैं। वैसे ही जैसे कि हम हो गए हैं। फिर किसी दिन ऐसा कुछ हो जाता है अचानक कि हम चौंक से जाते हैं। हिंसा का रोजमर्रापन स्वीकार कर लेने के बावजूद हम हिंसा की भयावहता से दहल जाते हैं एक बार फिर।

आज सुबह एक जिम्मेदार अखबार का पहला सफा देख कर मेरे साथ ऐसा ही कुछ हुआ है। कुल पाँच खबरें हैं इस सफे पर। दो जम्मू-कश्मीर और उड़ीसा में फैल रही हिंसा के बारे में हैं। तीसरी खबर का सम्बन्ध 1984 में सिखों के खिलाफ भड़क उठी हिंसा से है। चौथी खबर है कि दिल्ली के एक प्रतिष्ठित स्कूल की एक सत्रह साल की लड़की छात्रावास की पाँचवीं मंजिल से गिर कर मर गई। और पाँचवीं खबर है कि पिछले महीने विश्वास प्रस्ताव के दौरान मनमोहन सिंह सरकार को सफल बनाने में उल्लेखनीय सहयोग देनेवाले शिबू सोरेन झारखंड के मुख्यमंत्री बन गए।

केवल पाँच समाचार एक जिम्मेदार दैनिक के मुख पृष्ठ पर। प्रत्यक्ष या परोक्ष, पाँचों का सम्बन्ध समाज में गहराती हिंसा से। हिंसा जो हर क्षेत्र में फैल रही है। हर स्तर को प्रभावित कर रही है।

ये पाँच खबरें अलग-अलग छपतीं तो शायद ही इनके एक दूसरे से जुड़े होने का अहसास होता। शिबू सोरेन के मुख्यमंत्री बनने की खबर के पीछे छिपी हिंसा शायद अलग से दिखाई भी न पड़ती। केवल राजनीतिक भ्रष्टाचार से जुड़ी रह जाती। उसी तरह, झारखंड से सिर्फ दो महीने पहले दिल्ली में पढ़ने आई सत्रह वर्षीय लड़की की मौत–चाहे वह आत्महत्या हो या हत्या–अलग से देखे जाने पर जरूरी नहीं कि समाज में चारों तरफ हिंसा फैलानेवाली शक्तियों से किसी भी तरह जुड़ी नजर आती।

संयोग से सुर्खियों में एक साथ खड़ी हो गईं ये खबरें बरबस एक बार फिर हमें याद दिला देती हैं कि वैयक्तिक से लेकर सामूहिक स्तर पर हमारे जीवन में हिंसा किस कदर गहरा गई है। यह भी कि इन समूहों और उनके माध्यम से फट पड़नेवाली हिंसा को आर्थिक, राजनीतिक, धार्मिक आदि चौखटों में बाँट कर एक दूसरे से अलग नहीं किया जा सकता। मसलन, उड़ीसा में स्वामी लक्ष्मणानन्द की हत्या के फलस्वरूप फैल उठी हिंसा केवल धार्मिक समुदायों की लड़ाई नहीं है। न ही जम्मू-कश्मीर में फैली हिंसा को क्षेत्रीय या राजनीतिक जैसे सीमित सन्दर्भ में समझा जा सकता है।

अगर समस्या जटिल है तो समाधान के आसान होने की उम्मीद कम ही है।

मिसाल के तौर पर कश्मीर को लें। राजनीतिक, सामरिक, आर्थिक, धार्मिक, भावनात्मक, ऐतिहासिक, कितने अवयव हैं इस समस्या के। और अब इससे हमेशा ही जुड़ी रही क्षेत्रीयता ने भयंकर रूप ले लिया है। देश में लोग कश्मीर को लेकर जिस तरह आज विचलित हो रहे हैं, पाकिस्तान से हुए विभिन्न युद्धों के दौरान भी ऐसे विचलित नहीं हुए थे। पहली बार इतने खुल कर कश्मीर के बोझ से देश को निजात दिलाने की बात की जा रही है। यह बात चन्द 'सिरफिरे' बुद्धिजीवी ही नहीं कर रहे जिन्हें देशद्रोही कह कर खारिज कर दिया जाए। आम लोगों में मान्य इक्के-दुक्के पत्रकारों ने भी इस तरह की बात शुरू कर दी है। भले ही उनके ऐसा कहने के कारण वे न हों जो सिरफिरे सिद्धान्तवादियों के हैं।

जिस कारण से भी कश्मीर से पल्ला झाड़ने की बात की जा रही हो, इसका प्रबल विरोध भी हो रहा है। सिद्धान्तवादियों को अलग कर दें तो दोनों ही पक्ष कुछ इस अन्दाज में अपनी बात कहते नजर आ रहे हैं, जिससे लगता है कि वे अपने खिलाफ जानेवाले तथ्यों को सुविधानुसार भूल जाते हैं।

इस मसले पर अपनी स्थिति जता देने के लिए एक किस्सा सुना देना चाहता हूँ। सन 2001 में हम चार लोग–दो दम्पति और सभी बौद्धिक–खैबर में पाकिस्तानी पुलिस की हिरासत में रहे। हम लोगों को एक घर में ठहराया गया और खैबर जैसे मांसाहारी इलाके में हमारे लिए शाकाहारी भोजन की व्यवस्था की गई। आईएसआई समेत कितनी खुफिया एजेंसियों के लोगों ने इन तीन दिनों में हमसे बातें की, हम नहीं जानते। मकसद एक ही था उनका, पूरा यकीन कर लेना कि हिन्दुस्तानी जासूस तो नहीं हैं हम।

तमाम विषयों पर हमसे बातचीत की गई उस दौरान। हमें कुछ छिपाना तो था नहीं। सो, जो सोचते थे वह बोल देते थे। एक दिन हम से कहा गया : 'देखिए, आप लोग दानिशमन्द हैं। हम आपसे सीखना चाहते हैं। ये जो कश्मीर का मसला है दोनों मुल्कों के बीच उसकी बाबत आप लोग क्या सोचते हैं?'

अब इस मसले को लेकर हम चारों में कोई बड़ा मतभेद तो था नहीं। सो हममें से एक ने कहा–'भाई, आप गालिबन यह तो चाह नहीं रहे कि हम कश्मीर को लेकर दोनों मुल्कों के फसाद की तवारीख में जाएँ। सीधा सवाल यह है कि इस फसाद को सुलझाया कैसे जाए। सो एक ही कारगर उपाय सोचा जा सकता है। दोनों मुल्क एलओसी (नियन्त्रण रेखा) को मान लें और एक दूसरे के हिस्से को लालच से देखना बन्द कर दें।'

हमसे सवाल पूछनेवाले पाकिस्तानी अधिकारी मुतमइन लग रहे थे हमारे जवाब से कि तभी हमारी तरफ से यह भी जोड़ दिया गया : 'पर यह न सोचिएगा कि दोनों मुल्कों के इस फैसले से मसला हमेशा के लिए हल हो जाएगा। चूँकि मसला दरअसल कश्मीरियों का है। आप भले ही मानते हों कि आज़ाद कश्मीर ही नहीं, पूरे कश्मीर के लोग पाकिस्तान में रहना चाहते हैं, जरूरी नहीं कि यह सच ही हो। और हिन्दुस्तान के यह मानने की कोई वजह ही नहीं है कि उसके हिस्से के कश्मीरी उसके साथ रहना चाहते हैं। मतलब यह कि एलओसी को मान कर आपस में अमन से रहने का फैसला कर लेने के बाद भी पाकिस्तान और भारत यह नहीं सोच सकते कि कश्मीर का मसला हल हो गया।'

आज, सिरफिरे सिद्धान्तवादियों को छोड़ कर, देश में लोग कश्मीर की बात कुछ इस अन्दाज में कर रहे हैं मानो हमने तो, स्वस्थ लोकतान्त्रिक तरीके से, कश्मीरियों को सुखी और सम्पन्न बनाने में कोई कसर नहीं छोड़ी, पर कश्मीरी शुरू से ही, यानी शेख अब्दुल्ला के वक्त से ही, सरासर नाशुक्रे साबित हुए हैं। अपनी नेकनीयती और दरियादिली के बरक्स कश्मीरियों की कृतघ्नता को लेकर आपस में सहमत लोग दो परस्पर विरोधी नतीजे निकाल रहे हैं। एक यह कि साठ साल तक कश्मीरियों के लिए इतना कुछ करने के बाद हम उनके दबाव में आकर अपने लिए मुसीबत थोड़े ही मोल लेंगे। राष्ट्र की सीमा और सुरक्षा के साथ खिलवाड़ नहीं किया जा सकता। दूसरा नतीजा है कि जितनी जल्दी इन नाशुक्रों से पिंड छूटे देश के लिए उतना ही अच्छा है।

नतीजा जो भी निकाला जाए, कश्मीर को लेकर इस तरह का आत्म-तोषक सोच कुछ इतने जाने-पहचाने तथ्यों को भुला देता है कि हैरत होती है। आम लोगों को छोड़ भी दें तो जानकार पेशेवर पत्रकार और बौद्धिक कैसे इतना कुछ भूल सकते हैं? वे कैसे इस तथ्य से मुँह मोड़ सकते हैं कि कश्मीर का भारत में विलय एक ऐसा क्षण है जिसमें कश्मीरियों के आत्मनिर्णय के अधिकार को नजरअन्दाज किया गया? और इस तथ्य से कि विलय के बाद के सालों में आत्मनिर्णय के इस अधिकार की व्याख्या हमने अपनी मर्जी के मुताबिक की है। इससे भी कि मनमर्जी की इस व्याख्या में हमने उस वादे को भी तोड़ा-मरोड़ा है जो हमारी तरफ से संयुक्त राष्ट्र की मार्फत सारे जगत से और कश्मीर के बाशिन्दों से किया गया था। कश्मीर में जनमत संग्रह का वादा।

हम भूल गए हैं कि विलय के क्षण में ही हिंसा निहित थी, और बाद के सालों में वह हिंसा उत्तरोत्तर प्रत्यक्ष और व्यापक होती गई है। हम भूल गए हैं कि जूनागढ़ और हैदराबाद में हमने जो सिद्धान्त सही माना वह कश्मीर में लागू होना बाकी है। लोकतन्त्र का दिखावा—और यह दावा कि लोकतान्त्रिक चुनावों ने वह काम कर दिया है जिसके लिए कश्मीर में जनमत संग्रह का वादा किया गया था—कारण हो सकते हैं हमारे लिए अपनी हिंसा को भुलाने के। पर कश्मीरी भी हमारा अहसान माने, इस अपेक्षा में छिपी हिंसा सिर्फ हमसे ही छिप सकती है, उनसे नहीं जो कृतघ्न होने में ही अपना हित देखते हैं। अपना हित और कल्याण।

हमारी जरूरत भी सिद्धान्त है, और तद्‌जनित हिंसा न्यायपूर्ण। मसलन, तर्क दिया जा रहा है कि कश्मीरियों को पाकिस्तान में मिलने का अधिकार इसलिए नहीं दिया जा सकता कि वैसा करने पर भारत 'पंथनिरपेक्ष लोकतान्त्रिक गणराज्य होने के अपने अस्तित्व के सिद्धान्त को ही तोड़ देगा'। तो क्या पाकिस्तान के बनने का यह अर्थ नहीं हो जाता कि भारत ने पंथनिरपेक्ष—लोकतान्त्रिक या जो भी—होने का दावा त्याग दिया?

हमारा पंथनिरपेक्षता का सिद्धान्त इस पर निर्भर नहीं होता कि प्रतिकूल परिस्थितियों से विवश होकर हम दूसरों को क्या करने देते हैं। असल बात तो यह है कि सारी प्रतिकूल परिस्थितियों के बावजूद हमारा अपना आचरण किस सिद्धान्त से परिचालित है।

अब तक किसी-न-किसी बहाने टाल दिए जानेवाले कश्मीरियों के आत्मनिर्णय के अधिकार को पंथनिरपेक्षता के नाम में खुल्लमखुल्ला ठुकराने

वाला तर्क कैसे भुला देता है जूनागढ़ और हैदराबाद के भारत में विलय के आधार को?

अन्त में, ऐसी क्या बात है पंथनिरपेक्षता के सिद्धान्त में कि उसकी बिना पर किसी मानव समूह को अपने भाग्य का फैसला अपनी इच्छा से करने की आज़ादी से वंचित कर दिया जाए?

निहित स्वार्थों से जुड़ जाने पर कपट का तन्त्र बड़ी-बड़ी आत्म-प्रवंचनाएँ सम्भव बना देता है। हिंसक आत्म-प्रवंचनाएँ।

गुजरात में दो दिन

इस बुरे वक्त में भी कभी-कभार ऐसा कुछ हो ही जाता है कि थोड़ी राहत महसूस हो। विश्वास बने कि लाख सिकुड़ने के बाद भी उम्मीद का आधार बिलकुल लोप नहीं हो गया है। गुजरात के चौदह मामलों की तहकीकात के लिए, सर्वोच्च न्यायालय के ताजा निर्देशानुसार, एक विशेष टीम का गठन ऐसी ही उम्मीद जगाए रखनेवाली घटना है।

बुरे वक्त में थोड़ी उम्मीद भी बहुत बड़ी लगती है। कुछ तो अच्छा हो रहा है का आश्वासन हमें उस अच्छे को परिप्रेक्ष्य में देखने से रोक देता है। याद करें 2004 में भानुमती के एक कुनबे को जैसे-तैसे हरा कर बनी भानुमती के एक दूसरे कुनबे की सरकार ने हमें कैसे आह्लादित किया था। चूँकि मोहभंग के बाद हम अक्सर अपना मोहित हो जाना ही भूल जाते हैं, याद कर लें कि कैसे 2004 की उस छोटी-सी उम्मीद ने हमारे दिग्गज बुद्धिजीवियों और लेखकों को एक अपेक्षाकृत सामान्य व्यक्ति की गौतमबुद्ध और गांधी से तुलना करने को प्रेरित कर दिया था।

गुजरात का जिक्र हो रहा है तो यह भी याद कर लें कि बेस्ट बेकरी और बिलकिस बानो के मुकदमों को गुजरात के बाहर चलाए जाने के सर्वोच्च न्यायालय के आदेश से हमें कितनी राहत मिली थी। सही थी वह राहत। पर गुजरात-2002 के पूरे परिप्रेक्ष्य में उसका एक चिन्ताजनक पहलू भी था। सर्वोच्च न्यायालय के आदेश का सीधा-सादा मतलब था कि गुजरात-2002 के पीड़ितों को नरेन्द्र मोदी के चलते न्याय नहीं मिल सकता था। यानी कि बेस्ट बेकरी और बिलकिस बानो के मामलों में न्याय की सम्भावना से मिलनेवाली राहत सीधी-सादी चेतावनी थी कि बाकी सारे लोग अन्याय के नर्क में सड़ते रहेंगे।

वही स्थिति आज भी है। और उस स्थिति का तर्क भी वही है।

एक चीज और। तहकीकात के लिए गठित की गई टीम में तीन गुजरात के वरिष्ठ पुलिस अधिकारी हैं। तीनों ही निर्भीक और निष्ठावान। अपने उन साथियों

से सर्वथा अलग जिन्होंने नरेन्द्र मोदी से आतंकित होकर न जाने कितना कुछ गलत किया या होने दिया है। पर सोचिए, कितनी भारी जिम्मेदारी, कितना बड़ा बोझ, इन तीन व्यक्तियों पर डाला जा रहा है। उन्हें गुजरात में ही नौकरी करनी है। नरेन्द्र मोदी के मुख्यमंत्रित्व में। जितनी ईमानदारी से वे इस संवेदनशील दायित्व को निभाएँगे उतना ही जाती तौर पर अपने भविष्य और वर्तमान को खतरे में डालेंगे।

किस कदर जर्जर हो गई है हमारी व्यवस्था कि बगैर आत्मघाती जुनून के–परिवार घाती भी–बड़े से बड़े अधिकारी भी अमूमन अपने कर्तव्य का पालन नहीं कर पाते।

जहाँ तक गुजरात में निष्ठावान अधिकारियों के कर्तव्य पालन का सवाल है, समस्या केवल नरेन्द्र मोदी का आतंक नहीं है। गुजराती समाज–गुजराती हिन्दू समाज–में मोदीत्व की बढ़ती स्वीकृति स्थिति को और विषम बना देती है।

इस सिलसिले में हाल में बड़ौदा में बिताए दो दिनों का हवाला देना चाहूँगा।

महाराज सयाजीराव गायकवाड़ विश्वविद्यालय के अंग्रेजी विभाग ने एक गोष्ठी का आयोजन किया था। अस्मिता की निर्मिति में क्षेत्र, संस्कृति और साहित्य के योगदान पर। स्वतन्त्र भारत और खसूसन गुजरात को केन्द्र में रखते हुए। गोष्ठी की प्रमुख संयोजिका ने विषय का प्रतिपादन करते हुए अपने संक्षिप्त और समीचीन वक्तव्य में गुजराती अस्मिता के बदलते स्वरूप का जिक्र करते हुए अनिवार्यतः गुजरात-2002 को भी याद किया। गोष्ठी का यह उद्घाटन सत्र था और इसमें विश्वविद्यालय का प्रतिनिधित्व करने के लिए कला संकाय के डीन पधारे हुए थे। इतिहास विभाग में प्रोफेसर होने के नाते डीन महोदय ने कुछ उपयोगी बातें कहीं। पर उन्होंने बड़े ही शिष्ट अन्दाज में यह भी कह दिया कि इस तरह की अकादमिक गोष्ठी में गुजरात-2002 की चर्चा कोई बहुत मौजूं न होगी।

इसके बादवाले सत्र में गोष्ठी के प्रमुख वक्ता का भाषण हुआ। और बातों के साथ-साथ, जिनका जिक्र यहाँ गैरजरूरी है, उन्होंने गुजराती अस्मिता के बुनियादी स्वरूप पर प्रकाश डालते हुए कहा कि अपनी शुरुआत के वक्त से ही गुजराती अस्मिता मूलतः हिन्दू गुजराती अस्मिता रही है। उस समय भी जब नर्मद जैसे गुजराती अस्मिता के आदि प्रवर्तक जोर देकर कहते थे कि गुजरात हिन्दुओं के साथ-साथ पारसियों, ईसाइयों और मुसलमानों का भी है। दिमाग उनका समझता कि ऐसी सर्वग्राही अस्मिता ही गुजरात और देश के लिए कल्याणकारी हो सकती है। पर दिल की गहराई में उनका गुजराती पर्याय था हिन्दू का। वैसे ही, जैसे भारतीय पर्याय था हिन्दू का।

गुजरात-2002 ने बहुत सारे हिन्दुओं के लिए दिल और दिमाग की यह फाँक खत्म कर दी। मतलब यह कि गुजराती अस्मिता के आज के स्वरूप को समझने के लिए गुजरात, 2002 का विवेचन निहायत जरूरी है। गुजराती अस्मिता अब खुल कर हिन्दू अस्मिता है।

डीन महाशय तो जा चुके थे। और किसी ने इस स्थापना का विरोध नहीं किया। बल्कि गोष्ठी में उपस्थित एक सज्जन ने इसकी ऐसी विचित्र, और दहला देनेवाली, पुष्टि की जिसके लिए शायद प्रमुख वक्ता खुद भी तैयार नहीं रहे होंगे। बड़े ही संयत स्वर और मासूम अन्दाज में बोलते हुए इन सज्जन ने कहा कि 1992 के बाद से गुजरात में जितने भी 'साम्प्रदायिक दंगे' हुए हैं उनमें केवल हिन्दू सताए गए हैं।

अगर आप यह पढ़कर हकबका रहे हों तो इसे मनगढ़ंत या अतिशयोक्तिपूर्ण न मान लीजिएगा। हकबका तो वक्ता महोदय भी गए और कुछ भी उत्तर देने से पहले उन्होंने उन सज्जन ने पूछा : 'क्या मैं आपको सही सुन रहा हूँ कि 1992 के बाद से हुए साम्प्रदायिक दंगों में सिर्फ हिन्दू ही शिकार हुए हैं गुजरात में?' प्रश्न अनावश्यक था। कुछ भी गलत नहीं सुना या समझा गया था।

सोचिए कौन-सी मानसिकता विकसित हो रही है गुजरात में, जहाँ सच तो यह है कि 1992 या शायद 1990 में भी साम्प्रदायिक दंगे हुए ही नहीं। दंगे का मतलब है दो गुटों के बीच फसाद। कितना भी इकतरफा क्यों न हो कोई साम्प्रदायिक दंगा, उसमें दो सम्प्रदाय आमने-सामने भिड़ते हैं। आडवाणी की रथयात्रा से न सही, बाबरी मस्जिद के ध्वंस के बाद से कम से कम गुजरात में सिर्फ साम्प्रदायिक हिंसा हुई है; साम्प्रदायिक दंगे नहीं। मुसलमानों, और बाद में ईसाइयों के खिलाफ हिन्दुओं की वीभत्स हिंसा।

मैं मानने को तैयार हूँ कि इस तरह का बेबुनियाद विश्वास अभी गुजरात के बहुसंख्यक हिन्दुओं की विचार प्रक्रिया का अंग नहीं बना है। पर गोष्ठी के दूसरे दिन के अनुभव से लगा कि अपने को गैर-साम्प्रदायिक माननेवाले हिन्दुओं की मानसिकता भी बुनियादी तौर से इतनी ही खतरनाक है।

सुबह का पहला सत्र था। एक भाषाविद् और एक इतिहासकार ने अपने-अपने पर्चे पढ़े गुजराती अस्मिता पर। बड़े ही गम्भीर और विचारोत्तेजक पर्चे। बहस के दौरान किसी ने लार्ड मेघनाद देसाई द्वारा प्रयुक्त पद 'गुजराती भस्मिता' को याद किया। वही भस्मिता जिसने 2002 में हुई अमानवीय हिंसा के प्रति गुजरात में व्याप्त कर्णभेदी मौन सम्भव बनाया। या जो उस मौन का फल थी।

इस पर दक्षिण गुजरात विश्वविद्यालय, सूरत से आए एक विद्वान की प्रतिक्रिया थी : 'मैं हनुमान नहीं हूँ जो अपना दिल चीर कर दिखा सकूँ कि मुसलमानों के प्रति मेरी कितनी सहानुभूति है। पर एक बात मैं बहुत कोशिश करके भी नहीं समझ पाया हूँ। गुजरात-2002 को लेकर रहे कर्णभेदी मौन की इतनी चर्चा होती है। पर गोधराकांड के प्रति आज तक जो कर्णभेदी मौन है उसकी कोई चर्चा नहीं होती।'

इसी के तुरन्त बाद गोष्ठी के सहसंयोजक ने अपनी दुविधा व्यक्त की। उनकी दुविधा थी कि जब आक्रांता और आक्रांत, शिकारी और शिकार का अन्तर समाप्त हो जाए—जैसा कि गुजरात-2002 में हो गया—तो कोई भी निर्णय कर पाना असम्भव हो जाता है।

ये, लगता है, उदाहरण हैं गुजरात के बहुसंख्यक हिन्दुओं की मानसिकता के। भले, विवेकशील, न्यायसंगत—अपनी नजरों में—लोगों की मानसिकता।

पूछते रहिए आप उनसे कि कहाँ रहा है गोधरा रेलकांड के प्रति कर्णभेदी मौन। बताते रहिए उनको कि हमेशा ही गुजरात-2002 की बात शुरू होती है उस मनहूस सुबह से। उनका तर्क अडिग रहेगा। चूँकि उनका विश्वास अडिग है। है हिम्मत आपकी उनसे पूछने की—और क्या कर लेंगे आप उस हिम्मत से—कि क्या कभी उन्होंने उस जले हुए डिब्बे की तस्वीर भी देखी है या यों ही मान लिया है कि उस मनहूस सुबह वही कुछ हुआ जो कहा जाता है कि हुआ, और जिसके नाम पर गुजरात-2002 को और उसके बाद जो कुछ होता रहा है उस सबको सही मान लिया जाता है?

ये हैं वे लोग, जो हमारे अपने सहकर्मी हैं, मित्र हैं, सगे-सम्बन्धी हैं। ये खुश हैं नरेन्द्र मोदी को फिर से विजयी बनाकर। इन्हें कोई ग्लानि नहीं है। कोई अपराधबोध नहीं। न कोई पश्चात्ताप।

सर्वोच्च न्यायालय के फैसले से मिली राहत और खुशी को इस परिप्रेक्ष्य में न देखना अपने को धोखे में रखना होगा। न्याय केवल सर्वोच्च न्यायालय के सहारे नहीं मिल सकेगा। मिलेगा भी तो कितना?

नानावटी आयोग : एक प्रहसन

न्यायमूर्ति नानावटी जज रह चुके हैं अपने देश के सर्वोच्च न्यायालय के। उनके आयोग के दूसरे सदस्य, न्यायमूर्ति मेहता, गुजरात उच्च न्यायालय के अवकाश-प्राप्त जज हैं। इच्छा तो हुई कि बात शुरू करूँ दोनों महानुभावों के आगे जुड़े शब्द से। 'न्यायमूर्ति' के विद्रूप से। पर इस तरह की मासूमियत का जमाना तभी खत्म हो गया जब हम सबने 'नैतिकता का संकट' और 'शब्द का अवमूल्यन' जैसी शिकायतें बन्द कर वक्त के बदले मिजाज को पहचान लिया।

तो बात उस अचम्भे से करूँ जो मुझे रह-रह के सता रहा है। अचम्भा यह कि हमारी न्याय-व्यवस्था की चोटी पर पहुँचनेवाले व्यक्ति ऐसी सिरे से नाकाबिले यकीन रपट लिख कैसे सके। याद आता है बहुत पहले किसी नामी-गिरामी वकील की तारीफ में सुना एक किस्सा। कहते हैं, किसी मुकदमे में उन्होंने बड़ी पैनी बहस शुरू की। थोड़ी देर में उनके सहायक ने कान में बताया कि वह अपने ही मुवक्किल के खिलाफ बोल रहे हैं। वे बोलते रहे। अपनी दलील पूरी करके जज से बोले : 'जनाब, जो कुछ भी मेरे मुवक्किल के खिलाफ कहा जा सकता है, मैंने अदालत के सामने रख दिया। और अब आपकी इजाजत से मैं दिखाना चाहूँगा कि यह सब कितना बेबुनियाद है।' इस बार उनकी दलीलें और भी धारदार थीं। वे मुकदमा जीत गए।

बाद में मैंने यही किस्सा और बड़े वकीलों पर चस्पां होते देखा। मतलब यह कि हमारी कानूनी व्यवस्था ऐसी है कि अगर आप सच्चे महारथी हैं तो दूध का पानी और पानी का दूध बखूबी कर सकते हैं। कानून की बारीकियों की पकड़, एक ही चीज को भिन्न-भिन्न तरीके से व्याख्यायित करने की चतुराई, अचूक तार्किकता, आदि कुछ ऐसे गुण हैं जो, कम से कम उस जमाने में, जिला स्तर के अच्छे वकीलों तक में पाए जाते थे।

कहाँ पहुँच गई है हमारी न्याय व्यवस्था कि जिस कारण से भी वे अपने नतीजों पर पहुचे हों, एक सर्वोच्च न्यायालय में रहे जज और एक उच्च न्यायालय

में रहे जज मिल कर एक तर्कसम्मत और, सतही तौर पर, विश्वसनीय रपट तैयार नहीं कर सकते?

नानावटी आयोग इस निष्कर्ष पर पहुँचा है कि 27 फरवरी, 2002 को साबरमती एक्सप्रेस में जो आग लगी वह एक सुनियोजित षड्यन्त्र के तहत लगाई गई थी। आयोग का यह भी मानना है कि यह षड्यन्त्र एक बड़े षड्यन्त्र का हिस्सा था। उस बड़े षड्यन्त्र का उद्देश्य था आतंक फैला कर प्रशासन को अस्थिर कर देना। अपने निष्कर्ष की पुष्टि में आयोग ने बाकायदा लोगों के नाम देकर विस्तार से बताया है कि तरह एक दिन पहले आग लगाने के लिए बड़ी मात्रा में पेट्रोल खरीदा गया था।

आयोग की रपट आने के तुरन्त बाद तहलका ने अपना एक ट्रेडमार्क स्टिंग ऑपरेशन कर पूरी कहानी को झूठ बताया। काफी सम्भावना है कि तहलका का रहस्योद्घाटन सच हो। पर जिस तरह से गोधरा एक संवेदनशील प्रतीक बन गया है हिन्दुत्व से सहानुभूति रखनेवाले करोड़ों हिन्दुओं के लिए, और जिस तरह 'और गोधरा?' कह कर ये तमाम लोग मुसलमानों के खिलाफ फट पड़ी नृशंसता को सगर्व स्वीकार कर लेते हैं, बहुत से लोग तहलका को ही झूठा मान लेंगे।

मुझे तो नानावटी आयोग की अपनी रिपोर्ट में खोट दिखाई देती है। मैं यहाँ केवल उसकी चर्चा करना चाहता हूँ। आयोग का कहना है कि जब साबरमती एक्सप्रेस गोधरा स्टेशन से चल कर सिग्नल केबिन के पास रोक ली गई थी, और बाहर से पथराव हो रहा था, उस समय कुछ लोगों ने शयनयान एस-7 में घुस कर उसको एस-6 से अलग करनेवाले दरवाजे को जबरदस्ती खोल दिया, और वहाँ से एस-6 में पेट्रोल फेंक कर आग लगा दी।

यहाँ जो कहानी बताई जा रही है वह सामान्य रेल यात्रियों की नहीं है। उन निरीह आदमियों, औरतों और बच्चों का जिक्र नहीं हो रहा यहाँ, जिनको दो गुंडे भी लूट सकते हैं किसी डिब्बे में जबरदस्ती घुस कर। यहाँ बात हो रही है कार सेवकों की जिनमें बहुतेरे स्वभावतः उद्दंड और आक्रामक हैं। हिन्दुत्व के मद में चूर हैं। और चूँकि एक झुंड में सफर कर रहे हैं, वे निडर हैं। दुस्साहसी भी।

पर जब बाहर एक भीड़ इकट्ठी हो जाए और पथराव करने लगे तो—समझ में आता है—बड़ों-बड़ों की आक्रामकता धरी की धरी रह जाएगी। जो नहीं समझ में आता, वह है कि इतना सारा पेट्रोल लेकर दो या तीन लोग कैसे एस-7 में घुस सके, कैसे उनको इतना समय मिला कि एस-6 में जाने का दरवाजा जबरदस्ती खोल कर वहाँ पेट्रोल फैला दें और आग लगा दें। ऐसा तो है नहीं कि उस दिन कार सेवक केवल एक डिब्बे, यानी एस-6, में चल रहे थे। वे तो अगल-बगल के

डिब्बों में भी थे और खासा हुड़दंग करते, मस्ती मनाते यात्रा कर रहे थे। जैसा कि ऐसे मौकों पर होता है।

तो कैसे बच सके, और अपना काम कर सके, दो या तीन आग लगानेवाले? पथराव तो बाहर से हो रहा था, पेट्रोल से भरे भारी-भारी डिब्बों को लेकर घुसे इन लोगों को तो आसानी से धर दबोचा जा सकता था। क्या हुआ फिर?

क्या हुआ होगा?

सच तो यह है कि अब तक कोई ऐसा ठोस, निर्णायक सबूत सामने नहीं आया है कि दावे के साथ कहा जा सके कि बस ऐसा ही हुआ, और कुछ नहीं। बनर्जी आयोग के जाँच-परिणाम पर भी यह बात लागू होती है, हालाँकि सारी परिस्थितियों के आधार पर सबसे प्रबल अनुमान यही लगता है कि आग अन्दर से लगी और सम्भवतः आकस्मिक थी।

दिक्कत यह है कि हम सब जानना चाहते हैं कि हुआ क्या। यह चाह, अनेक कारणों से, इतनी शदीद है कि जो चाहते हैं मान लेते हैं कि वह सम्भव भी है। और अपने-अपने पूर्वग्रहों के अनुसार नानावटी या बनर्जी के निष्कर्ष को मान लेते हैं। जबकि जिसे वाकई निष्कर्ष कहा जा सके वह न नानावटी का है न बनर्जी का।

गौरतलब यह भी है कि एस-6 में लगी या लगाई गई आग की कहानी कितनी आसानी से बदल गई और उस महत्त्वपूर्ण परिवर्तन पर कोई बड़ी बहस भी नहीं हुई।

गोधराकांड के फौरन बाद जो एक-एक मिनट का ब्योरा देनेवाली कहानी दुनिया भर में फैली उसमें बाहर इकट्ठा हुई भीड़ ने पहले तो पथराव किया, फिर पथराव को चालू रखते हुए एस-6 पर पेट्रोल, मिट्टी का तेल या दूसरे ज्वलनशील पदार्थ फेंकने शुरू किए और अन्त में आग लगा दी। यह ऐसी कहानी थी जिस पर खुली आँख से विश्वास कर पाना असम्भव था। कहानी के साथ-साथ उसी वक्त जले एस-6 का चित्र भी छपा था। इस चित्र में साफ दिखाई देता था कि बाहर आग के निशान डिब्बे की खिड़कियों के नीचे नहीं गए थे। केवल यह चित्र काफी था समझने के लिए कि आग बाहर से पेट्रोल वगैरह फेंक कर लगाई गई होती तो—तरल पदार्थ ऊपर से नीचे आता है—एस-6 को नीचे तक जलना चाहिए था।

पर आँख तो भूले-भटके ही देखती है। उसे तो पूर्वग्रह दिखाते हैं। सो, कहानी चल निकली। पर बनर्जी आयोग के बाद उस कहानी को चलाए रखना तो सम्भव था, सिद्ध करना असम्भव था। परिणामतः नानावटी आयोग को पहली कहानी

छोड़नी पड़ी, और यह मान कर कि आग अन्दर से लगी यह सिद्ध करने की कोशिश करनी पड़ी कि यह जघन्य कृत्य एक बड़े आतंककारी षड्यन्त्र के तहत किया गया।

एक और परिस्थितिजन्य साक्ष्य है, जिससे बाहरी, सीधे शब्दों में मुसलमानों के, षड्यन्त्र की बात पर यकीन कर पाना काफी कठिन हो जाता है। कार सेवकों की मौज-मस्ती और भीड़ के कारण उस दिन एस-6 में निर्धारित संख्या से कहीं ज्यादा, तकरीबन सौ-सवा सौ, यात्री चल रहे थे। वैसे भी साबरमती एक्सप्रेस जैसी लम्बी दूरी वाली महत्त्वपूर्ण गाड़ियों में सामान्यतया निर्धारित संख्या से ज्यादा यात्री सफर करते हैं। पर जब एस-6 में ढेर सारा पेट्रोल अन्दर से डाल कर आग लगा दी गई तो केवल 58-59 ही क्यों मरे? बाकी यात्री कहाँ बच निकले? एस-6 को आगे और पीछे के डिब्बों से जोड़नेवाले दरवाजे बन्द थे। बाहर पथराव की वजह से निकल पाना असम्भव था। तो कहाँ पनाह ली बचनेवाले चालीस-पचास लोगों ने?

उस दिन की परिस्थितियों के आधार पर यदि कोई तर्कसंगत अनुमान लगाया जा सकता है—अनुमान न कि निश्चित निष्कर्ष—तो वह यह है कि अगर कोई षड्यन्त्र था तो उनका था जो एस-6 में गोधरा स्टेशन तक चल रहे थे, पर आग लगने से पहले वहाँ से खिसक चुके थे।

दिल दहल जाता है इस तरह का अनुमान करते। साफ-साफ इसको व्यक्त करना तो बिलकुल जानलेवा है। पर बड़ा मनहूस समय है हमारा। आए दिन कुछ इतना बुरा हो जाता है कि उसका हो जाना ही विश्वास दिलाता है उसके हो सकने पर। हम सोचते हैं कि इससे बुरे की तो कल्पना भी नहीं की जा सकती। और फिर कुछ अकल्पनीय हो बैठता है।

सच्चाई इस मामले की, एक बार फिर कहूँ, लगता नहीं कि उद्घाटित होगी। अगर उपलब्ध साक्ष्यों के आधार पर अनुमान ही लगाना है तो, बगैर किसी को अपराधी घोषित किए, कम से कम सारी तार्किक सम्भावनाओं पर नजर तो डाल ही लें, बगैर अपना-पराया किए।

कहिए कि न कहिए

अखबार में पढ़ा कि गुजरात के पूर्व मन्त्री मोहम्मद सुरती और चार दूसरे मुसलमानों को 1993 के सूरत धमाकों के सिलसिले में टाडा अदालत ने बीस साल की कैद की सजा दी है। खबर पढ़ते ही मन में कुछ इस तरह के खयाल आने लगे कि उनके बारे में सोच कर मैं खुद ही परेशान होने लगा। क्या इनके बारे में खुलकर लिख सकता हूँ, मैंने सोचा। खतरा हो सकता है लिखने में, मन ने कहा। और न लिखना भी खतरनाक हो सकता है, मन ने जोड़ा।

नाजुक सार्वजनिक मसलों पर हम, मसलहतन या भयवश, अक्सर मौन साध लेते हैं। खुलकर बात न करने, और न कर पाने, के खतरे को पूरी तरह से नजर-अन्दाज करके।

1990 की आडवाणी की रथयात्रा, और उससे भी ज्यादा उसकी परिणति के रूप में हुए बाबरी मस्जिद के विध्वंस, के बाद से मेरे अन्दर पैठा हिन्दू जागने लगा है। सालों से मेरे अन्दर का हिन्दू सुषुप्तावस्था में पड़ा था। पर 'हिन्दुत्व' के खतरे ने उसे जगा दिया। मुझे लगा कि यह मेरा धर्म है कि अपनी इस अमूल्य परम्परा को उस खतरे से बचाऊँ। जताऊँ कि हिन्दू मैं हूँ, वैसे ही जैसे गांधी थे, रामकृष्ण परमहंस थे, न कि 'हिन्दुत्ववादी'।

मेरी और जो भी पहचानें हों, इस मसले पर मेरी जो भी प्रतिक्रियाएँ होती हैं मूलतः एक हिन्दू के नाते होती हैं।

एक और स्पष्टीकरण। मैं पहले भी इस स्तम्भ में अफसोस कर चुका हूँ कि आज हमारी नैतिकता—अगर उसे नैतिकता कहा जा सके तो—इस प्रयत्न में सिमट कर रह गई है कि अपने गलत को दूसरे के गलत का हवाला देकर सही साबित कर लें। पर जो गलत है सो गलत है। गलत काम करनेवालों की परिस्थितियों पर जोर देने का प्रयोजन होता है उनकी मानसिकता को समझने की कोशिश करना, ताकि वे गलत काम से हट सकें, न कि उनके गलत काम को सही घोषित करना।

तो जब आज सुबह टाडा अदालत के फैसले की खबर पढ़ी तो पन्द्रह साल पहले का वह दिन याद आ गया जब सूरत में बम विस्फोट हुआ था। मैं सेन्टर फॉर सोशल स्टडीज के अपने कमरे में बैठा काम कर रहा था कि टेलीफोन की घंटी बजी। उधर से हमारे ऑफिस सुपरिंटेंडेंट की आवाज आई। उन्होंने पूछा कि क्या उस दिन मैं बड़ौदा जानेवाला था। मेरे 'हाँ' कहने पर उन्होंने कहा : 'देखिए, अभी खबर आई है कि स्टेशन के पास बम फटा है। शहर में स्थिति के और बिगड़ने का अन्देशा है। कर्फ्यू भी लग सकता है। अगर आपका आज जाना जरूरी नहीं है तो रुक जाइए। नहीं तो जल्दी से जल्दी स्टेशन के लिए रवाना हो जाइए। फिर वहाँ वेटिंग रूम में बैठ कर देख लीजिएगा कौन सी गाड़ी पहले मिलती है।'

मेरा जाना जरूरी था। उसी रात मुझे बड़ौदा से दिल्ली के लिए राजधानी एक्सप्रेस पकड़नी थी। मैं फौरन घर जाकर जल्दी-जल्दी पैकिंग करने लगा। तभी खयाल आया अपनी दाढ़ी का। स्टेशन तक का रास्ता लम्बा था और रास्ते में कुछ भी हो सकता था। सोचा क्यों न अपना पासपोर्ट जेब में रख लूँ। अगर कोई मुसीबत उठ खड़ी हुई, मेरे चेहरे-मोहरे से मुझे मुसलमान जान उन्होंने कुछ करना चाहा, तो कम से कम अपने हिन्दू होने का सबूत तो दे सकूँगा। चूँकि ऐसे मौकों पर जो सबूत माँगा जाता है, आदमी को नंगा करके, वह तो पक्का मुझे मौत के मुँह में ढकेल देगा। क्या पता मुसीबत आने पर मौका मिल जाए पासपोर्ट दिखाने का तो जान तो सलामत रहेगी।

किस्मत की बात बगैर किसी परेशानी के स्टेशन पहुँच गया। पर बता नहीं पाऊँगा कैसी ग्लानि, कैसी मानसिक तकलीफ हुई एहतियातन अपना पासपोर्ट साथ ले जाने की वजह से।

दो साल पहले का ऐसा ही एक दिन याद आ गया और सालने लगा मन को। 1990 में रथयात्रा की समाप्ति पर बाबरी मस्जिद पर हुए विफल हमले के बाद देश के कई हिस्सों में मुसलमानों के खिलाफ हिंसा भड़क उठी थी। अलीगढ़ में भी ऐसा हुआ था, और इस बार साम्प्रदायिक हिंसा पुराने शहर तक सीमित न रह कर विश्वविद्यालय के इलाके में घुस आई थी। दो दिन शहर में बिता कर, दोस्तों से वहाँ के हालात पर बातचीत करके, मैं उस दिन आसाम मेल से दिल्ली वापस आने के लिए पहले दर्जे के एक डिब्बे में बैठ गया था।

गाड़ी स्टेशन से थोड़ा आगे ही निकली थी कि रुक गई। इसमें कोई अनहोनी तो थी नहीं। अक्सर हमारे यहाँ ऐसा होता है। पर उस दिन गाड़ी का रुकना था कि मैं बेचैन होने लगा। मुझे पिछले दिन ही बताया गया था कि अलीगढ़ में हिंसा के दौरान एक रेलगाड़ी स्टेशन के बाहर रोक ली गई थी मुसलमानों की तलाश

में। क्या फिर वही होने जा रहा है, मेरे मन में कौंधा। क्या करूँगा मैं अगर उन्होंने मुझे मुसलमान समझकर पकड़ लिया? उस एक क्षण में एक लम्बी बहस पूरी हो गई अन्दर ही अन्दर। मैंने निश्चय कर लिया कि कुछ भी हो जाए मैं उनको अपना नाम नहीं बताऊँगा। नहीं बताऊँगा कि मैं वह नहीं हूँ जो वे समझ रहे हैं मुझे।

और आज मैं–वही मैं–जान बचाने के लिए अपना पासपोर्ट लेकर निकला हूँ! कब और कैसे आ गया इतना बड़ा बदलाव मेरे भीतर? भनक तक न पड़ी मुझे इसकी। ढेर हो गया सारा नैतिक साहस। इतना डर कर क्या कर पाऊँगा?

कहाँ से कहाँ केवल दो सालों में पहुँच गए थे हिन्दुत्ववाले। मेरे डर से मापी जा सकती थी उनकी जीत। नैतिक साहस के स्खलन और डर की आमद ने मेरी ही तरह औरों को भी तो दबोचा होगा। एक की सफल होती हिंसक आक्रामकता और दूसरे का देखते-देखते बढ़ रहा डर कहाँ ले जाएगा हमें?

इसका एक अनुभव 2002 में हुआ। मेरा एक मित्र महाराज सयाजीराव विश्वविद्यालय, बड़ौदा में प्रोफेसर था। एक सम्भ्रान्त हाउसिंग सोसाइटी में अकेला उसका मुसलमान परिवार था। गोधरा कांड के बाद जब शहर में हिंसा भड़क उठी तो सोसाइटी के हिन्दुओं ने उसे भरोसा दिलाया कि वह उनके बीच में हर तरह से सुरक्षित है। पर हफ्ते भर के अन्दर-अन्दर सोसाइटी के उन हिन्दुओं की समझ में आ गया कि उस मुसलमान परिवार के रहते वे स्वयं सुरक्षित नहीं हैं। विवश होकर उन्होंने पूरे परिवार को बम्बई भेजने की व्यवस्था कर दी।

हिन्दुत्व की आक्रामकता ने न केवल मुसलमानों वरन् हिन्दुओं को भी भयाक्रान्त कर दिया।

जरूरी नहीं कि डर हमेशा स्थायी हो। न ही यह कि डर विवशता ही पैदा करे। सो हिन्दुत्व से एक बार डर जानेवाले जरूरी नहीं हमेशा उससे डरे रहें, हमेशा अपने को बेबस पाएँ।

उस दिन सूरत में हिन्दुत्व ने मुझे जिस कदर आतंकित कर दिया उससे अन्दाजा लगाया जा सकता है कि वे जो वाकई मुसलमान हैं, जो मुसीबत आने पर अपना पासपोर्ट दिखा कर बचने की उम्मीद नहीं रख सकते, उनका डर कितना अधिक आतंककारी और असल होगा। न ही हिन्दुत्व का डर और न ही उसका विफल विरोध मुझे उस तरह हताश करेगा जैसे कोई मुसलमान हो सकता है। न ही मुझ में उस तरह का दुस्साहस लाएगा जैसा कि कुछ मुसलमानों में आ जाना स्वाभाविक है।

यह बहुत ही नाजुक बात है और इससे बखेड़ा भी हो सकता है। पर इस बार, जब फैसला कहने का हुआ है न कहने का नहीं, कहना चाहता हूँ कि गम्भीरता से गौर करना जरूरी है इस तथ्य पर कि बाबरी मस्जिद के ढाए जाने के बाद बम्बई में मुसलमानों के खिलाफ चल निकली हिंसा एकदम थम गई थी वहाँ हुए सीरियल धमाकों के बाद।

प्रतिहिंसा की कामयाबी का इससे ज्यादा कारगर सबूत क्या चाह सकते थे वे जो नाहक पिट रहे थे, जल रहे थे, बेघर हो रहे थे, जिनकी बच्चियाँ और औरतें बेइज्जत हो रही थीं, जिनका मददगार कोई नहीं था इस महान देश में?

कितने हिन्दुओं को आज भी याद आता है अपना महाभारत और धृतराष्ट्र की राज्य सभा में हुआ वह अधर्म जो बड़े-बड़े धर्मात्मा और वीर पुरुष मौन देखते रहे थे? और उसका अंजाम। कोई विजेता ही नहीं था वहाँ।

वह जमाना गया जब आतंक क्रान्तिकारियों का अस्त्र होता था। दमनकारी सत्ता के विरुद्ध। जब भगत सिंह और उनके साथी खुल कर जनता से अपनी बात कहते थे। अब तो बाबरी मस्जिद के ध्वंस पर गर्व से उपस्थित, और उसके सहारे सत्ता में आनेवाले, हिन्दुत्व के शीर्षस्थ नेता भी उस कृत्य में अपनी भूमिका खुल कर स्वीकार नहीं कर पाते।

ऐसे में जो पिट रहा है, और देख रहा है कि कारगर नहीं होता देश का संविधान और शासन तन्त्र, उसकी कोशिश तो यही होगी कि छिपकर कुछ ऐसा कर सके कि अपने पर हो रही बेमानी हिंसा से बच सके। बदकिस्मती से पकड़ में आ ही गया तो भी 'अपनों' का कुछ भला तो कर ही चुका होगा।

यह चक्र यहीं नहीं रुकेगा। सजा होने पर उसके 'अपने' उसे मान देंगे, याद करेंगे, शहीद मानेंगे। नहीं भूलेंगे कि प्रतिहिंसा कर 'अपनों' को बेमानी हिंसा से निजात दिलानेवालों को तो सजा हो गई, पर उस बेमानी हिंसा से जुड़े तमाम लोग, नीचे से ऊपर तक, स्वस्थ हैं, सुरक्षित हैं, समृद्ध हैं, फल-फूल रहे हैं।

उस हँसी को याद रखिए, जिसे हँसते हुए नानावटी आयोग के सामने गवाही देनेवाले डॉक्टर ने आयोग की रपट आने पर बेसाख्ता कहा : 'हमें मालूम था रिपोर्ट ऐसी ही होगी।' बड़ा महँगा पड़ सकता है उस बेबस हँसी को भूलना। या न समझना।

घटना से परे

जब भी कुछ होता है तो उस होने के अलावा और कुछ होने की गुंजाइश भी रहती है। हमारी रोजमर्रा की जिन्दगी में भी और वैसे बड़े मामलों में भी, जिनको लेकर माना जाता है कि उन्होंने इतिहास को एक नया मोड़ दे दिया। इस वैकल्पिक 'होने' की सम्भावना का अनुभव हम सबको कभी न कभी होता ही है। हम कर कुछ बैठते हैं और बाद में चाहते हैं हमने वैसा न किया होता। करने पर ही नहीं, न करने पर भी हमें कभी-कभार ऐसा ही अनुभव होता है। किसी खास परिस्थिति में हम चुप अलग बैठ जाते हैं और बाद में कोसते रहते हैं अपनी अकर्मण्यता को।

पर जब संसार के बड़े-बड़े मामलों में–'इतिहास' में–कुछ होता है तो प्रायः हम अनिवार्यता की बात सोचते हैं। पूरा एक सिद्धान्त गढ़ लेते हैं, ऐतिहासिक अनिवार्यता का। मान लेते हैं कि इतिहास का ताल्लुक है तथ्यों से, जो वास्तव में घटित हुआ उससे, न कि जो अघटित रहा उससे या वैकल्पिक सम्भावनाओं से।

फिर भी, ऐतिहासिक अनिवार्यता में आस्था के साथ-साथ, हर समाज में कुछ वैकल्पिक सम्भावनाओं की बात भी चलती रहती है। विशेष रूप से संकट के समय में। मसलन, हमारे यहाँ अक्सर लोग नेहरू के बजाय पटेल के प्रधानमंत्री बनने की कल्पना कर दावा करने लगते हैं कि अगर वैसा हो जाता तो देश तमाम विपदाओं से बच जाता। और तो और, हताशा के क्षणों में कुछ लोग कहने लगते हैं कि अंग्रेज न गए होते तो कितना अच्छा होता।

चाहे निजी जिन्दगी को लेकर हो, चाहे सामूहिक जिन्दगी को लेकर, वास्तव में घटित होने से हट कर वैकल्पिक होने की चाह का होना भी हमारे यथार्थ का ही एक अंग है। कल्पना यथार्थ का अतिक्रमण करते हुए भी यथार्थ में समाहित रहती है। कल्पना में यथार्थ का अतिक्रमण, यानी यथार्थ के प्रति असन्तोष, अनेक रूपों में होता है। हितकर भी और अहितकर भी। कल्याणकारी भी और विनाशकारी भी। हर रूप में व्यापक यथार्थ का अभिन्न अंग।

बीसवीं सदी के चौथे दशक में हिटलर का जर्मनी में एक भयानक करिश्मे की तरह उभरना उस सामूहिक कल्पना का साकार होना था जो प्रथम विश्व युद्ध में जर्मनी की पराजय और उसके बाद हुए घोर राष्ट्रीय अपमान के यथार्थ के पीछे अदृश्य सुलग रही थी। कुछ इसी तरह तुर्की में कमाल अतातुर्क के सफल धर्मनिरपेक्ष यथार्थ को अन्दर ही अन्दर नकारने वाली रूढ़िवादी इस्लामी कल्पना अब खुल कर तुर्की को एक नया रूप देने में लगी है। तुर्की में जिस तरह की प्रतिक्रियात्मक कल्पना यथार्थ में उभरने से पहले नौ दशकों तक चुपके-चुपके खदबदाती रही, कुछ उसी तरह का अदृश्य वैकल्पिक यथार्थ हमारे यहाँ आज़ादी के चार दशकों के बाद ही हिन्दुत्व के रूप में वास्तविक यथार्थ बन उभर आया है। सत्तर साल तक अभेद्य लगते रहने के बाद सोवियत संघ का अचानक भरभरा कर गिर जाना भी इसी तरह देखा जा सकता है।

कुछ भी केवल उसी क्षण नहीं होता जब वह होता हुआ दिखाई पड़ता है। अमूमन उसका दिखाई देना किसी घटना से जुड़ जाता है। जैसे हिटलर का प्रजातान्त्रिक चुनावों में जीत कर आना, तुर्की में वर्तमान सत्ताधारी पार्टी की जीत, हमारे यहाँ आडवाणी की रथयात्रा या बाबरी मस्जिद का ध्वंस, और 1989 में बर्लिन की दीवार का गिरना और जर्मनी का एकीकरण। संज्ञा का रूप लेने से पहले 'घटना' क्रिया के रूप में अपना कमोबेश अलक्ष्य अस्तित्व बनाए रखती है।

घटना के परे बहुत कुछ घटित होता रहता है। अच्छा भी और बुरा भी। सतत हमारे जीवन को, इतिहास को प्रभावित करता। अनेक विकल्प, अनेक सम्भावनाएँ जूझे रहते हैं 'वास्तविक' यथार्थ बनने की होड़ में।

आजकल दो खयाल मेरे मन में बार-बार आते रहते हैं। एक तो यह कि मुम्बई में हुए आतंकवादी हमले के बाद, जैसा कि चिल्ला-चिल्ला कर कुछ लोग माँग कर रहे थे, हमने पाकिस्तान पर हमला कर दिया होता तो क्या होता। दूसरा यह कि क्या ऐसा नहीं हो सकता था कि हमारी क्रिकेट टीम पाकिस्तान के दौरे पर चली जाती।

यह अपने आप में बड़े सुकून की बात है कि पाकिस्तान पर हमला करने की माँग करनेवाले नाकाम रहे। कम से कम फिलहाल। पर इस सुकून के बावजूद इस मसले पर थोड़ा गौर करने की जरूरत है। वैसे तो इस मामले में कुछ भी निर्णायक तरीके से नहीं कहा जा सकता, पर यह सवाल महत्त्वपूर्ण है कि क्या पाकिस्तान पर हमले की माँग हमारे अपने नेताओं के विवेक की वजह से नाकाम हुई है। बहुत मुमकिन है कि जिन बड़े राष्ट्रों पर हमारी निर्भरता बढ़ती रही है

पिछले कुछ समय से, उनका दबाव पड़ा हो हमारे शासकों पर शान्ति बनाए रखने के लिए। कोंडोलीजा राइस और गार्डन ब्राउन का दिल्ली आना अकारण तो था नहीं। दूसरों पर निर्भरता कितनी भी दयनीय क्यों न होती हो, कभी-कभार उसके परिणाम शुभ भी हो जाते हैं।

वैसे संकट अभी टला नहीं है। जिस आसानी से सरकार या मीडिया सामूहिक उन्माद जगाने में सफल हो जाते हैं, और यह देखते हुए कि कुछ लोग तो बने ही हुए हैं उन्माद की स्थिति में, युद्ध और शान्ति पर बहस चलाए रखना जरूरी है।

दुनिया अचम्भों से भरी है। इनमें कुछ अचम्भों की बार-बार पुनरावृत्ति होती रहती है। लगता है हमारी जिन्दगी से कभी हटेंगे नहीं वे। इनमें एक बड़ा अचम्भा यह है कि बारम्बार युद्ध की निरर्थकता देखने के बावजूद कितनी जल्दी, सब कुछ भूल-भाल कर, लोग लड़ाई पर आमादा हो जाते हैं। हम कोई अमेरिका या चीन तो हैं नहीं, सैनिक और सामरिक दृष्टि से। पर अन्दाज हमारे बड़ों-बड़ों को मात करनेवाले हैं। हमें अब याद भी नहीं है कि 1962 में हमारे तत्कालीन प्रधानमंत्री ने ऐलान कर दिया था कि उन्होंने हुक्म दे दिया है कि चीनियों को मैकमोहन सीमा के पार उनके देश में वापस धकेल दिया जाए। हाँ, इस ऐलान के बाद जो हुआ वह थोड़ा-बहुत कुछ लोगों को याद है। जो किसी को भी अब याद नहीं है वह है हमारे वीर जवानों का, बगैर पर्याप्त कपड़ों और हथियारों के, पूरी तरह से लैस और तैयार चीनी सैनिकों से सामना। अक्तूबर का अन्त और अरुणाचल प्रदेश का बर्फीला इलाका! आराम से अपने घरों में बैठ कर राष्ट्र प्रेम और राष्ट्रीय गौरव की बातें करना, कुरबानी की माँग करना बड़ा आसान है। इसमें निहित गैरजिम्मेदारी को देख पाना आसान नहीं है कि यह गैरजिम्मेदारी एक अपराध है, उसी राष्ट्रीय गौरव और राष्ट्रीय हित के लिए घातक है, जिसके नाम में इतना शोर मचाया जाता है, यह समझना बहुतों के लिए नामुमकिन हो गया है।

1965 भी लोग भूल गए लगते हैं। सारा देश मान बैठा था उस वक्त कि लाहौर आने ही वाला है हमारे कब्जे में। यह भी भूल गए हैं हम कि 1965 का युद्ध समाप्त किस तरह हुआ था। हिन्दुस्तान और पाकिस्तान तो इस लायक भी नहीं थे कि आपस में बातचीत कर सुलहनामा तैयार कर लें। इसके लिए भी उन्हें एक महाशक्ति पर निर्भर होना पड़ा। उससे न पाकिस्तान के और न ही हिन्दुस्तान के लोगों को लगा कि उनका राष्ट्रीय गौरव आहत हुआ है।

ये चालीस-पचास साल पुरानी बातें हैं। आज शोर मचानेवालों में बहुत से उस समय पैदा भी नहीं हुए होंगे। पर जिस सन्दर्भ में आज पाकिस्तान पर बमबारी की बात हो रही है, उसमें क्या अमेरिका के हश्र को भुलाया जा सकता है? इराक पर हमला किया संयुक्त राष्ट्र को धता बता कर और दुनिया भर से झूठ बोल कर। सहयोगी देशों से पैसा माँगने की नौबत आ गई। बारी-बारी से सब साथ छोड़ गए। अपनी ही जनता में रोष और असन्तोष का सैलाब आ गया। अभी तक समझ में नहीं आ रहा कोई सम्मानजनक रास्ता पल्ला झाड़ने का। अफगानिस्तान में बमबारी की, एक ही वार में उस 'चूहे' को निकाल बाहर करने के लिए उसके बिल से। वह चूहा अब भी सलामत है। अब न सिर्फ अमेरिका बल्कि औरों को भी परेशान कर रहा है। हमें भी। सारी ऐंठ धरी की धरी रह गई अमेरिका की।

हमारे पास ऐसी कौन सी ताकत है जो हम वह कर लेंगे जो अमेरिका नहीं कर पाया? वह भी पाकिस्तान में जो कोई अफगानिस्तान नहीं है, आणविक शक्ति है उसके पास।

मान लीजिए कल इच्छा पूरी हो जाती है उन लोगों की जो पाकिस्तान पर बमबारी चाहते हैं। इतना तो निश्चित है कि यह खेल शुरू होने पर दो दिन में पूरा होनेवाला नहीं। यह लम्बा चलेगा और इसके चलते आम लोगों को तरह-तरह से इसकी कीमत चुकानी पड़ेगी। कितने लोग तब अपना जोश और राष्ट्रप्रेम बनाए रख सकेंगे? और जब वह बेसब्री से चाहेंगे कि शान्ति कायम हो जाए, तो क्या उन्हें याद रहेगा कि उन्होंने खुद ही लड़ाई शुरू करवाई थी?

दूसरी तरफ मान लीजिए कि पाकिस्तानी सरकार की आन्तरिक कठिनाइयों को ध्यान में रखते हुए, यह समझते हुए कि पाकिस्तानी सरकार ही नहीं बल्कि पाकिस्तानी सेना का भी बस नहीं चलता वहाँ फैले आतंकवादी संगठनों पर, हम अपने उन्माद को काबू में कर लें और मान कर चलें कि इस समस्या का हल बगैर पाकिस्तानी सहयोग के नहीं हो सकता, तो क्या हम ज्यादा कारगर तरीके से नहीं अमल करेंगे? इस भुलावे में रहने से कोई फायदा नहीं होगा कि आतंकवाद–चाहे वह हमारे अपने लोग करें या पड़ोसी देशों से आनेवाले करें–से फौरन मुक्ति मिल सकती है। न ही इस भुलावे से कोई फायदा है कि केवल शक्ति और प्रतिहिंसा के सहारे आतंकवाद का खात्मा सम्भव है।

बात आधी ही रह गई। पाकिस्तान के दौरे का जिक्र भर होकर रह गया। पर उस जिक्र की भावना तो अब तक जाहिर हो गई होगी। अगर हमारा मन

थोड़ा संयत होकर विवेक के साथ 26 नवम्बर जैसी दुर्भाग्यपूर्ण घटनाओं पर मनन करना शुरू कर दे तो अन्दर ही अन्दर उस यथार्थ की तैयारी होती रहेगी, जिसमें दूसरी ही तरह की घटनाएँ घटने लगेंगी। इसमें बड़ी मदद मिलेगी इस विश्वास से कि पाकिस्तान के लोग भी असल में शान्ति चाहते हैं। पर उनमें भी राष्ट्रप्रेम और राष्ट्रीय गौरव का जज्बा है जो, सही या गलत, उभर सकता है या उभारा जा सकता है। उसके नाहक उभरने का मौका अपनी तरफ से तो न दें हम।

मुम्बई के बाद छह दिसम्बर

'प्रत्यक्ष को प्रमाण क्या' या 'हाथ कंगन को आरसी क्या' जैसा कहावतों का चलन बताता है कि आमतौर से लोगों को 'देखने' की सच्चाई में कैसा विश्वास रहता है। कानून में भी चश्मदीद गवाह के बयान को खास महत्त्व दिया जाता है। 'देखने' की इस प्रक्रिया में आज एक बुनियादी बदलाव आ गया है। अब चश्मदीद गवाह होने के लिए मौका-ए-वारदात पर होना जरूरी नहीं होता। आप घर बैठे दूरदराज की घटनाओं को घटित होते देख सकते हैं पूरे विस्तार से। अब कोई भी घटनास्थल महाभारत का कुरुक्षेत्र हो सकता है और आपको एक साथ कई संजय मिल सकते हैं इस घटना का प्रत्यक्ष दशर्न कराने के लिए।

और प्रत्यक्षदर्शी होने के बाद आप अधिकारी हो जाते हैं जो देखा है उस पर अपना अटल मत कायम करने के।

धृतराष्ट्र को मालूम था कि वे अन्धे हैं, देख नहीं सकते, संजय के बताने पर निर्भर हैं। हम देखते वक्त समझते हैं कि हम देख रहे हैं जो देख रहे हैं। भूल जाते हैं उस संजय को, उन संजयों को, जो हमें दिखाते हैं जो हम देखते हैं।

कभी शायद इतना जरूरी नहीं था अपने देखे को देखना जितना आज है।

मुम्बई में साठ घंटे तक चले भयंकर आतंकवादी हमले को जिस तरह देखा गया, और उस देखने में खासी तेजी से जो बदलाव आया, उससे विश्वास होता है कि लोग पहले से कहीं ज्यादा सजग होने लगे हैं अपने देखने और सुनने के प्रति।

मसलन, इन साठ घंटों के ही दौरान लगभग हर प्रमुख टीवी चैनल ने जोर-शोर से बताया कि हमारे प्रधानमंत्री ने पाकिस्तानी आईएसआई के प्रमुख को दिल्ली भेजे जाने को कहा है। पता नहीं प्रधानमंत्री मनमोहन सिंह ने यह बात किस तरह पाकिस्तानी सरकार तक पहुँचाई। पर हमारे चैनलों ने बताया कि आईएसआई प्रमुख को तलब किया गया है और उन्होंने इस तलबी का स्वागत किया। किसी ने यह नहीं कहा कि अगर वाकई हमारे प्रधानमंत्री ने ऐसा किया

है मानो पाकिस्तानी सरकार को आदेश दे रहे हों, तो ठीक नहीं किया। इस तरह के आदेश का पालन तो होना नहीं था–पाकिस्तानी प्रधानमंत्री या राष्ट्रपति चाहें तो भी–और हम ऐसे बलवान नहीं कि इसका पालन करवा लें। किसलिए उस तरह का उन्माद पैदा कर अपने ही राष्ट्रीय सम्मान को धूल में मिलाने का आयोजन किया जा रहा था?

इसी उन्माद के चलते अमेरिका और ब्रिटेन की आतंकवाद विरोधी 'सफल' नीतियों की प्रशंसा की गई और–इराक और अफगानिस्तान को नजरअन्दाज कर–पाकिस्तान पर बमबारी करने के सुझाव दिए गए। यही नहीं, देश में अनिवार्य सैन्य सेवा लागू करने की माँग भी इस उन्माद के प्रभाव में की गई।

पर सन्तोष की बात है कि जब यह उन्माद अपने चरम पर था उस वक्त भी काफी लोग इस आत्मघाती भावातिरेक से हट कर संयत तरीके से आतंकवाद की समस्या पर सोच सके। समझ सके कि पाकिस्तान से संघर्ष आतंकवाद की सबसे बड़ी सफलता होगी।

यह भी कि असल लड़ाई आतंकवाद से है, आतंकवादियों से नहीं।

मुम्बई जैसी आतंकवादी हिंसा के दौरान या उसके तुरन्त बाद उभरी ऐसी संयत प्रतिक्रिया–सारे उन्माद के बावजूद–जताती है कि एक राष्ट्र के रूप में हम परिपक्व होने लगे हैं। यह बहुत बड़ी उपलिब्ध की शुरुआत है। केवल शुरुआत। अभी इस दिशा में बहुत विकास करना बाकी है।

मुझे याद आता है 1965 का भारत-पाक युद्ध। कैसा उग्र सामूहिक उन्माद फूट पड़ा था सारे देश में उस समय। विनोबा भावे और जयप्रकाश नारायण जैसे घोषित शान्तिवादी भी पूरी तरह से अपने देश का समर्थन कर रहे थे उस लड़ाई के दौरान। दोनों ही दो बुनियादी बातें भूल गए थे। अचानक। एक यह कि प्रायः राष्ट्रों के बीच होनेवाली लड़ाइयों के असली कारण उन लोगों को नहीं मालूम होते जो राष्ट्रप्रेम से प्रेरित होकर इन लड़ाइयों का अन्ध समर्थन करने लगते हैं। दूसरे यह कि अगस्त 1947 से लगातार यह कहने और समझने के बाद कि पाकिस्तान के शासक अपनी अन्दरूनी स्थिति से जनता का ध्यान हटाने के लिए भारत के खिलाफ प्रचार बढ़ा देते हैं, हम यह नहीं देख पा रहे थे कि लालबहादुर शास्त्री की सरकार इतनी नाजुक स्थिति में आ गई थी कि बहुत सम्भव था कि उसने भी वही चाल चलनी चाही हो जो हम मानते रहे थे कि पाकिस्तानी हुकूमतें एक के बाद एक चलती रही थीं।

जब बड़े-बड़े शान्तिवादियों की आस्था इतनी आसानी से ढेर हो गई हो तो आम लोगों में व्याप्त युद्धोन्माद का अन्दाजा सहज ही लगाया जा सकता है। सबने

सहर्ष अपने विवेक और अपनी आत्मा को राष्ट्रप्रेम के साँचे में ढाल लिया था। अपने राष्ट्र के गलत होने की थोड़ी सी सम्भावना का इशारा भर काफी था तब आपको देशद्रोही समझे जाने के लिए।

सन् 1965 की लड़ाई के दौरान एक लम्बा पत्र मैंने विनोबा जी को भेजा। कोई उत्तर नहीं आया। सम्भव है पत्र पहुँचा ही न हो या विनोबा जी की, अपने गुरु गांधी के बरक्स, आदत न रही हो आम लोगों के पत्रों का उत्तर देने की। जयप्रकाश नारायण से भी मैंने अपनी बात एक पत्र में कही, और अपने हाथ से वह पत्र उनको दिया। इससे पहले भी मुझे, किसी और सन्दर्भ में, उनको एक तल्ख आलोचना भरा पत्र लिखना पड़ा था। उसके जवाब में उन्होंने मुझसे लम्बी बात की थी। पर 1965 में वे मौन साधे रहे।

मुम्बई पर बीते साठ घंटे कोई सामान्य आतंकवादी घटना नहीं है। यह बानगी है उस विनाशकारी छापामार युद्ध-शैली की जिसे इक्कीसवीं सदी ने सम्भव बना दिया है। एक ऐसी युद्ध-शैली जिससे निपटने का एक ही कारगर तरीका है। वह है ऐसे युद्ध के कारक तत्त्वों का सिरे से उन्मूलन। जाहिर है, ऐसा एक दिन में नहीं होनेवाला। कार्य-कारण का जो दुष्चक्र अस्तित्व में आ गया है, और जिसकी वजह से हताशा और दुस्साहस का वह मानस जड़ें ले चुका है जिसमें आतंकवाद के अलावा और कोई विकल्प सूझता ही नहीं, उसको तोड़ना बड़े धीरज की माँग करता है।

जो अपने उद्देश्य के लिए मरने को भी तैयार है उसके विरुद्ध बल प्रयोग बेमानी है। जो अपने उद्देश्य के लिए मरने और, उससे भी अधिक, मारने को तत्पर है, उसके विरुद्ध बल प्रयोग आवश्यक तो है, पर सिर्फ फौरी फायदे के लिए। अन्ततोगत्वा उसके खिलाफ भी सफलता बल से नहीं, उन कारणों के निराकरण से ही मिलेगी जो उसे मरने और मारने को प्रेरित करते हैं।

छब्बीस नवम्बर को शुरू हुए मुम्बई के आतंक के खत्म होते न होते हमें बताया जाने लगा कि छह दिसम्बर के आसपास फिर आतंकवादी हमले होने का डर है। साथ ही आश्वासन भी दिया गया कि सुरक्षा की पूरी तैयारियाँ कर दी गई हैं। लेकिन यह सारी बात कुछ इस अन्दाज में कर दी गई मानो छह दिसम्बर के आसपास हो सकनेवाली गड़बड़ उस गड़बड़ से मिलती-जुलती हो, जिसकी आशंका हर पन्द्रह अगस्त और छब्बीस जनवरी के आसपास हुआ करती है।

हम सब समझते हैं कि अगर छह दिसम्बर को कुछ होना है तो क्यों होना है। पर उस जानने को हम उस देखने से नहीं जोड़ना चाहते जो हमारे आधुनिक संजय साठ घंटों तक, और उसके बाद भी, हमें लगातार दिखाते रहे। गोया कि

छह दिसम्बर उसी से जुड़ेगा जो छह दिसम्बर को या उसके ऐन करीब किया जाएगा। बाकी साल जो होगा वह उस सबसे अलग होगा, जिसका रूपक छह दिसम्बर बन गया है।

छह दिसम्बर जिसका रूपक है वह न तो केवल 1992 के उस एक दिन घटा और न ही उसके बाद खत्म हो गया। उसमें पूरा गुजरात 2002 समाहित है और समाहित है न्याय का वह बेबस, बेमानी इन्तजार जिसे 2004 के चुनावी परिणामों ने और उसके बाद इक्का-दुक्का अदालती फैसलों ने खामखा बढ़ावा दिया।

पलट वार की बढ़ती हिंसा और भयावहता ही चाहे हमें होश में लाए, अच्छा है कि हम होश में आ रहे हैं। पर घबरा कर होश में आना सही होश में आना नहीं है। सही होश में आना तब होगा जब हम पूरे एक समुदाय पर हुए अन्याय और अनाचार की असलियत को मान सकें और समझ सकें कि कौन से घाव लिए वे लोग जी रहे हैं। तब हम यह कहना बन्द कर देंगे कि कब तक गड़े मुर्दे उखाड़े जाएँगे, या यह कि पुराने घावों को कुरेदने का क्या फायदा।

मुर्दों को गाड़ना उनको भूलना नहीं होता, विशेष रूप से उन मुर्दों को जो हमारे अजीज थे और हमारी आँखों के सामने बेइज्जत कर बेरहमी से मौत के घाट उतार दिए गए। ये मुर्दे ऐसे घाव छोड़ जाते हैं जो, अन्याय और अपमान का समुचित प्रतिकार न हो तो, कभी भरते नहीं। ईमानदारी और सौहार्द से उन मुर्दों की बात करने से ये घाव हरे नहीं होते। ये हरे होते हैं, नानावटी आयोग जैसे अपमानजनक धोखों से और गुजरात में लगातार दो चुनावों में प्रदर्शित संवेदनहीनता से और 2004 के बाद जैसी केन्द्रीय सरकार की उदासीनता से और समाज में व्याप्त असहिष्णुता से!

घर में आतंक

घर और बाहर का कोई निश्चित स्थिर अर्थ तो होता नहीं। सन्दर्भ के मुताबिक बदलता रहता है। अपने और पराए की तरह। फिर भी जिन्दगी में कभी-कभी कुछ ऐसे सम्बन्ध बन जाते हैं जो बदलते नहीं।

जामिया मिल्लिया इस्लामिया छोड़े मुझे तीस साल हो गए। 1965 में गया था वहाँ। 'गया था' कहना ठीक नहीं होगा। जामिआ के तत्कालीन उपकुलपति प्रोफेसर मुहम्मद मुजीब बड़े स्नेह से—मानो मनुहार कर रहे हों—बुला कर ले गए थे। 1977 में जामिआ छूट गया। सच बोलूँ तो मजबूर कर दिया गया छोड़ने के लिए।

अच्छा ही हुआ। एक खूँटा छूटा तो खूँटों से पिंड छुड़ाने की लत-सी लग गई। खानाबदोशी में मजा आने लगा।

पर न ही खानाबदोशी ने और न ही जामिया से जुड़ी बाद की तल्खी ने मुजीब साहब के वक्त में जामिआ के साथ बन गए मेरे सम्बन्ध में कोई दरार पैदा की। तब से अब तक वह एक घनिष्ठ अपनापे का सम्बन्ध रहा है। भले ही इन तीस सालों में मैं भूले-भटके ही जामिया गया होऊँ। जामिया के भले-बुरे को लेकर मैं उदासीन नहीं रह पाता।

इस महीने दिल्ली में हुए आतंकवादी धमाके जिस तरह न सिर्फ जामिया नगर बल्कि जामिया मिल्लिया से जुड़ गए हैं, मैं कुछ ज्यादा ही इनके बारे में सोचने लगा हूँ। क्यों मैं सोचने लगा हूँ इतना ज्यादा उस आतंकवाद के बारे में जिसका होना मुसलमानों से जोड़ा जा रहा है, विशेष रूप से मुसलमानों के युवा वर्ग से?

जामिया मिल्लिया में बिताए तेरह और उसके तुरन्त बाद अलीगढ़ मुस्लिम विश्वविद्यालय में बिताए ढाई सालों ने मुझे अनुभूति के स्तर पर वह सिखाया जो इतिहास, समाजशास्त्र और मनोविज्ञान की अच्छी से अच्छी किताबें नहीं सिखा सकतीं। हिन्दू नामधारी मैंने अपने ही देश में रहते हुए जाना कि अल्पसंख्यक की मनोदशा क्या होती है। जाके पैर न फटी बिवाई सो का जानै पीर पराई? बहुत ही संवेदनशील होना पड़ेगा बहुसंख्यकों को, बहुत ही ज्यादा, अन्दाजा भर कर पाने

के लिए कि देश के अल्पसंख्यकों के दिलों और दिमागों में क्या कुछ हो रहा है, क्या कुछ नहीं हो रहा। उसके बाद ही इस बहस का कोई मतलब होगा कि उन दिलों और दिमागों में जो हो रहा है वह गलत है या सही। और उसको समझने के बाद ही कुछ कारगर किया जा सकेगा स्थिति को सुधारने के लिए।

मैं जानता हूँ कि मुसलमानों के दिलो-दिमाग की बात करने के लिए मेरे ही साथी समाज वैज्ञानिक मुझे आड़े हाथों लेंगे। याद दिलाएँगे कि देश के विभिन्न इलाकों के मुसलमान और विभिन्न तबकों के मुसलमान कोई एक तो नहीं। न जाने कितने आन्तरिक भेद हैं उनमें। फिर किन मुसलमानों के दिलो-दिमाग की दुहाई दे रहा हूँ मैं? मैं देश के हर मुसलमान की, बिलकुल ही तौल कर बोलना पड़े तो लगभग हर मुसलमान की, बात कर रहा हूँ चूँकि देश के बहुसंख्यकों ने मजबूर कर दिया है मुसलमानों को एक महसूस करने के लिए। जो नहीं भी महसूस करता है अपने आपको मुसलमान उसको, केवल उसके नाम के कारण, बहुसंख्यक महसूस करा देते हैं कि वह, खुद चाहे या न चाहे, मुसलमान है। बहुत ही स्वार्थी और संवेदनशून्य मुसलमान होगा आज देश में जो अपने आप से कह सके कि वह मुसलमान नहीं है।

मुसलमान होने की चाही-अनचाही पहचान, अलग कर दिए जाने और सन्देह से देखे जाने की बेबसी, उसका दर्द और अपमान, उससे पैदा खौफ जो कभी भी असलियत में बदल सकता है, और हर बार असलियत में बदलने पर पहले से ज्यादा आततायी हो जाता है, कुछ नहीं है जो इस मनहूस यथार्थ से बचा सके मुसलमानों को उनके अपने ही देश में। कितना भी प्रतिष्ठित, कितना भी प्रभावशाली, कितना भी प्रसिद्ध क्यों न हो कोई मुसलमान, वह कहीं भी, कभी भी अपमानित और प्रताड़ित किया जा सकता है।

पर इस साझी मनहूसियत का मतलब यह नहीं कि देश के सारे मुसलमान बस एक ही तरह सोचते हैं या सोच सकते हैं कि जायज संवैधानिक और प्रजातान्त्रिक तरीकों में उनकी कोई आस्था नहीं। कि वे सब के सब हिंसा और आतंक के हिमायती हैं।

जैसा कि तमाम हिन्दू मानने लगे हैं। और ऐसे हिन्दुओं की तादाद तेजी से–और दुर्भाग्य से–बढ़ रही है।

मैं नहीं जानता कि क्या करूँ, कैसे बात करूँ कि ऐसे हिन्दू एक पल के लिए अपने पूर्वग्रह तज थोड़े संयम से मुसलमानों के बारे में सोच सकें। कोशिश करता हूँ कि शान्त, तार्किक और सौहार्दपूर्ण तरीके से इस मसले पर बातें हो सकें। पर अक्सर अपने ही परिवारवालों और स्नेहियों तक से बात बाद में शुरू

होती है तनाव पहले तिरने लगता है माहौल में। मेरा एक भाई तो–जिगरी दोस्त भी है वह मेरा–मुसलमानों का जिक्र छिड़ते ही मुझसे 'हाँ तो मौलाना...' कहने लगता है।

जिस जमाने में मैं अलीगढ़ मुस्लिम विश्वविद्यालय में पढ़ा रहा था, एक हिन्दू मित्र ने पूछा : 'कितने और हिन्दू पढ़ाते हैं तुम्हारे अलावा वहाँ?' सवाल जिज्ञासावश नहीं पूछा गया था। बड़े आक्रामक तेवर में, बगैर कुछ कहे और सब कुछ जानने के अन्दाज में, मुसलमानों की संकीर्णता और कौमपरस्ती का खुलासा कर रहा था वह सवाल। मैंने पलट कर मित्र से कहा : 'वह तो मैं बताऊँगा तुम्हें, और यह भी बताऊँगा कि कितने हिन्दू विद्यार्थी हैं अलीगढ़ मुस्लिम विश्वविद्यालय में, पर तुम पहले मुझे यह बताओ कि तुमने जानने की कोशिश की है कभी कि बनारस हिन्दू विश्वविद्यालय में हिन्दुओं के मुकाबले मुसलमान अध्यापकों और विद्यार्थियों का क्या अनुपात है?'

यह लिखते-लिखते अपने विद्यार्थी जीवन की ऐसी ही एक घटना याद आ गई। इलाहाबाद विश्वविद्यालय के सर सुन्दरलाल छात्रावास में रह रहा था मैं। नए दाखिलों का वक्त था। अचानक एक दिन किसी मुसलमान विद्यार्थी को हमारे छात्रावास में लिए जाने पर कुछ लड़कों ने हंगामा खड़ा कर दिया। डॉ. बीबीएल सक्सेना हमारे छात्रावास के सुपरिंटेंडेंट थे। उन्होंने फौरन एक मीटिंग बुलाई और पूछा कि एतराज क्यों किया जा रहा है एक मुसलमान के दाखिले पर। उनको बताया गया, बड़े उत्तेजित अन्दाज में, कि जब विश्वविद्यालय में एक मुस्लिम छात्रावास है तो सर सुन्दरलाल छात्रावास में किसी मुसलमान को लेने की जरूरत क्या है। डॉ. सक्सेना का उत्तर था : 'इस यूनिवर्सिटी में तो एक हिन्दू छात्रावास भी है। क्यों नहीं चले जाते तुम लोग वहीं?'

दोनों ही उदाहरण एक खास तरह की मानसिकता के परिचायक हैं। इस मानसिकता के प्रभाव में कुछ चीजें होती तो हैं, पर दिखाई नहीं देतीं।

ऐसा नहीं है कि अलीगढ़ मुस्लिम विश्वविद्यालय को कटघरे में खड़ा करनेवाले को हिन्दू विश्वविद्यालय की जानकारी नहीं है। न ही मुस्लिम छात्रावास के आधार पर सर सुन्दरलाल छात्रावास में किसी मुसलमान के दाखिले की मुखालिफत करनेवाले हिन्दू छात्र अनभिज्ञ हैं हिन्दू छात्रावास के अस्तित्व से। पर उस मानसिकता के चलते ये दोनों ही तथ्य बिलकुल दूसरी तरह दिखाई पड़ने लगते हैं। उस मानसिकता में हिन्दू 'हम' हैं। हम यानी देश। जो देश का है वह हमारा है। जहाँ हम–हिन्दू हैं वहाँ सब लोग हैं। जहाँ हम नहीं हैं वहाँ सवाल की जरूरत है, निगरानी की जरूरत है, सुधार की जरूरत है।

तेजी से हिन्दुओं को अपने वश में करनेवाली यह मानसिकता, कौन इनकार कर सकता है, एक हद तक स्वाभाविक है। इसके अपने ऐतिहासिक, मनोवैज्ञानिक और दूसरे कारण हैं। इसको भी समझने की जरूरत है। पर उससे भी जरूरी है कि यह मानसिकता भी अपने आप को समझे, और समझ कर बदले अपने आप को। न उबरी अपनी स्वाभाविकता से यह, तो ले डूबेगी उसे–देश को–जिसका पर्याय समझती है यह हिन्दुओं को।

1990 से मैंने आतंक की तरफ खिंचते देखा है मायूस मुसलमान युवाओं को। पहली बार दक्षिण गुजरात के एक कस्बे में, जहाँ निर्मम हिन्दुत्व की हिंसा से साक्षात्कार होने के बाद, एक मोटर मैकेनिक ने अपना गुस्सा दबाने की नाकाम कोशिश करते-करते कहा था : 'हम भी टेररिस्ट बन सकते हैं।' और 1992 में बम्बई-सूरत के मुसलमानों पर ढाए गए हिन्दुत्व के कहर के बाद फूट भी पड़ा था आतंकवाद उस एक दिन। जिन्होंने गुजरात 2002 के शाह-ए-आलम जैसे कैंप देखे हैं और नरोदा पाटिया जैसी तबाही देखी है उन्हें जरूर उस समय देखे कुछ चेहरे याद आते होंगे, जिनमें मजबूर आक्रोश था। कितना कुछ कहना चाह रहे थे वे चेहरे, और कितना कुछ दबाना ताकि वह आक्रोश बिखर न जाए शब्दों से।

सरकारी तन्त्र और देश की दंड व्यवस्था पता नहीं कितनी ईमानदारी से वह करेंगे जो उनको करना चाहिए।

पर समाज को, खासतौर से सोचने-समझनेवाले बहुसंख्यकों को, समझना होगा कि आतंकवादियों का सफाया करने से आतंकवाद का सफाया नहीं हो सकेगा।

अपने घर में आतंक देखा है मैंने। 1984 में दिल्ली में पहली बार। फिर 1992 में सूरत में। सूरत में ही उस बेबस मुसलमान औरत ने बगल में मूक खड़ी बच्ची को दिखा कर अपनी फटी आवाज में चिल्लाते हुए कहा था : 'भाई, इसके साथ बुरा काम किया उन्होंने।' फिर 2002 में बड़ौदा और अहमदाबाद में। और अब देखा है दिल्ली का पलट आतंक जो जुड़ गया है जामिआ से। उनसे जो मेरे ही विद्यार्थी–मेरे ही बच्चे–हो सकते थे।

'हम' अगर अपनी आतंकियत न देख सके तो रोक नहीं सकेंगे उसे जिसे हम 'आतंकवाद' कहते हैं।

उत्तर-पूर्व और भारत

औसत भारतीय के लिए देश के पूर्वोत्तर की पहचान 'आतंकवाद' के सहारे होती है। एक ऐसा उपद्रवग्रस्त क्षेत्र, जहाँ कहीं न कहीं हर समय देशद्राही गतिविधियाँ चलती ही रहती हैं। पर अच्छे से अच्छे पढ़े-लिखे भारतीय से पूछ लीजिए कि देश के पूर्वोत्तर में कितने राज्य हैं तो कम लोग ही बता पाएँगे। बता भी दिया तो उन राज्यों की परस्पर भौगोलिक स्थिति, वहाँ रहनेवाले लोगों के इतिहास और उनकी संस्कृति का थोड़ा-बहुत अन्दाजा भी कम ही लोगों को होगा।

औसत भारतीय के लिए देश का पूर्वोत्तर एक भौगोलिक क्षेत्र भर है। एक ऐसा क्षेत्र जिसको देश में बनाए रखना जितना मुश्किल है उतना ही जरूरी भी। देश की अखंडता और सुरक्षा के लिए जरूरी।

जब सोच के केन्द्र में हो देश की अखंडता और सुरक्षा, उस अखंडता और सुरक्षा को लेकर खतरा दिखाई पड़ता हो स्थानीय लोगों के आचरण में, इन लोगों के बारे में जानकारी हो न के बराबर, और जो जानकारी हो वह इन लोगों को अविकसित और पिछड़ा मानती हो, तो वही होगा जो हो रहा है। खतरा बढ़ेगा, समस्या और जटिल बनेगी, और हम समझ भी नहीं सकेंगे कि हम खुद ही जिम्मेदार हैं इस बढ़ते बिगाड़ के लिए। हम समझ ही न सकेंगे कि देश–भारत–तो हमने अपने को मान लिया है, और देश के लिए देश के पूर्वोत्तर को रहना है।

तिरसठ साल का था, जब सौभाग्य से मिजोरम विश्वविद्यालय ने दो साल के लिए मुझे बुलाया। मैं उस समय ऊँची जातियों में ईसाइयत के प्रचार पर काम कर रहा था, और उससे पहले भारतीय राष्ट्रवाद के विकास पर काम कर चुका था। मुझे लगा कि मिजोरम में रहकर–मीजो लगभग शत-प्रतिशत ईसाई हैं–मैं ईसाइयत के प्रचार के एक दूसरे रूप को समझ सकूँगा और देख सकूँगा कि पहले से शिक्षित और सम्भ्रान्त तबकों में फैलनेवाली ईसाइयत अपने कारणों और परिणामों में उस दूसरी ईसाइयत से किस तरह समान या भिन्न थी। ऐसा ही कुछ

लालच राष्ट्रवाद के मसले को लेकर हुआ। कि देख सकूँगा भारतीय राष्ट्रवाद के उस चेहरे को जो मीजो आँखों में झलकता होगा और उस मीजो राष्ट्रवाद को भी नजदीक से देख सकूँगा, जिसने लालडेंगा के नेतृत्व में बरसों मीजो नेशनल फ्रन्ट के 'मुक्ति संग्राम' को सम्भव बनाया। वही मीजो नेशनल फ्रन्ट जो भारतीय गणतन्त्र का हिस्सा बन बार-बार प्रजातान्त्रिक चुनाव जीत कर मिजोरम का शासन अपने हाथ में बनाए रहा है।

फिर से तिरसठ साल की उमर में सिलसिला शुरू हुआ मेरी तालीम का।

पहला सबक था : आइजॉल हवाई अड्डे पर उतरते वक्त विश्वविद्यालय से आया नियुक्ति पत्र अपने पास जरूर रखना। न केवल विदेशियों, बल्कि भारतीय नागरिकों को भी मिजोरम में प्रवेश करने के लिए विशेष अनुमति लेनी होती है। (नागालैंड और अरुणाचल प्रदेश की भी वही स्थिति है।) विश्वविद्यालय का पत्र उस इल्लत से बचा देगा।

खामखा के एक झंझट के अलावा इस व्यवस्था के कुछ अधिक महत्त्वपूर्ण पहलू भी हैं। दो दशक की शान्ति और व्यवस्था और प्रजातान्त्रिक प्रशासन नाकाफी है इस विश्वास के लिए कि मीजो लोग और उनकी सरकार अपनी और देश की सुरक्षा की देखभाल कर सकते हैं। कोई फर्क नहीं पड़ता अगर इस अनावश्यक अविश्वास के कारण मीजो दिलों में पनप रहा आक्रोश और गहरा होता रहे। मिजोरम जैसे मनोरम प्रदेश में पर्यटन के विकास की सारी सम्भावनाएँ धरी रह जाती हैं विशेष अनुमति के संवेदनहीन प्रावधान की वजह से। व्यापार और उद्योग पर भी इसका बुरा प्रभाव पड़ता है। पर यह सब भी नाकाफी है उस व्यवस्था को खत्म करने के लिए।

दूसरा सबक। आइजॉल के अपने किराए के घर में मेरी पहली शाम थी। इच्छा हुई थोड़ा टहल लिया जाए। इसी बहाने बस्ती का थोड़ा अन्दाजा हो जाएगा। टार्च और छाता लेकर निकल लिया। पूर्व है सो अँधेरा जल्दी होता है, और कम से कम छह महीने ऐसे होते हैं कि मालूम नहीं कब मूसलाधार बारिश आ जाए। उस शाम बारिश तो नहीं आई, पर अँधेरे को तो जल्दी आना ही था, सो आ गया।

आइजॉल में अकेले यह मेरा पहला अँधेरा था। घर से आश्वस्त निकला था। पर उस अँधेरे ने अचानक मुझे डरा दिया। बुरी तरह। लगने लगा अभी किसी घर से निकल कर कोई मुझ पर हमला बोल देगा। आखिर मैं हूँ तो 'हिन्दुस्तानी' और 'वाई' (विदेशी)। जल्दी ही हिम्मत हार मैं वापस लौट लिया। रास्ते में कोई आता दिखता तो मैं पूरी तरह चौकन्ना हो जाता। उसके बगल से निकल

जाने के बाद भी आगे बढ़ता मैं आहट लेता रहता कि जानेवाला पलट के तो नहीं आ रहा।

उसी आइजॉल में जल्दी ही मैं दूर-दूर तक मस्त अकेला घूमने लगा। झूम के मौसम में खासतौर से मैं देर रात टहलने निकल जाता। स्याह अँधेरे में पहाड़ियों पर उठती आग की लपटों का रहस्यमय आकर्षण मुझे न जाने कब तक बाहर रखता। डर का नामोनिशान तक न होता।

सुरक्षा का ऐसा अहसास टोकियो के बाद आइजॉल ने ही दिया। और यह अहसास उस समय कुछ ज्यादा ही बढ़ जाता जब साथ में कोई महिला होती। निर्वेध्य कवच पहने होने का अहसास।

अज्ञान जनित डर के इस सबक ने यह भी सिखाया कि जिनको लेकर मेरे मन में ऐसी दहशत बैठ गई थी उनको हिन्दुस्तानी वाई से जो डर लगता होगा, और वह डर कितनी तरह से निकलता होगा, क्या 'हिन्दुस्तानी' उसे समझ पाएँगे। कोशिश भी करेंगे समझने की?

इस सिलसिले में एक मीजो साहित्यकार से हुई अपनी मुलाकात का जिक्र करना चाहूँगा। बड़े मृदुभाषी, सुसंस्कृत और सुलझे व्यक्ति। विश्वविद्यालय में अंग्रेजी पढ़ानेवाली एक महिला की मार्फत यह मुलाकात तय हुई थी। वह भी मेरे साथ थीं। थोड़ी देर की बातचीत में ही साहित्यकार महोदय को विश्वास हो गया—कम से कम मुझे ऐसा लगा—कि मैं औसत 'हिन्दुस्तानी' से बेहतर हूँ और वह खुल कर मुझसे बातें कर सकते हैं।

उन्होंने मुझे बहुत कुछ बताया। मीजो इतिहास और संस्कृति के बारे में, मीजो भाषा के लिपिबद्ध होने से हुए बदलाव के बारे में, ईसाई मिशनरियों ने किस तरह पारम्परिक मीजो संगीत और नृत्य को (प्रधानतया) नकारात्मक तरीके से प्रभावित किया, उसके बारे में। और भी बहुत कुछ।

पर यहाँ उस मुलाकात के दौरान सुनी कुछ और बातों का जिक्र मुझे करना है। उन्होंने बताया कि जब मीजो नेशनल फ्रंट का भारत से संग्राम चल रहा था तो, तमाम और परिवारों की तरह, उनके परिवार को भी आइजॉल से भाग कर आसपास के जंगलों में पनाह लेनी पड़ी। बारह-तेरह वर्ष के रहे होंगे वे उस समय। आए दिन रात में जंगलों से वे देखते थे अपने शहर को जलते हुए। जलते हुए आइजॉल के वे दृश्य अभी तक नहीं भूल पाए हैं। न ही भूलना चाहते हैं।

लम्बी मुलाकात के बाद मैंने उनसे इजाजत चाही चलने की। कहा कि मैं चाहूँगा कि यह अन्तिम मुलाकात न हो हमारी। वह बाहर तक छोड़ने आए मुझे। चलते वक्त, हाथ मिलाते हुए, उन्होंने मुझसे कहा, अपने स्वाभाविक संयत अन्दाज

में : 'मैं जानता हूँ कि आपको मालूम है कि हम आपसे बहुत दूर हैं। फिर भी मैं बताना चाहता हूँ कि आपको मालूम नहीं कि कितने दूर मैं हम आपसे।'

निस्सहाय अपने शहर को जलते हुए देखना, न भूल पाना कि उनको अपना बतानेवाली सरकार ने ही उनके—या अपने—शहर पर बमबारी की, उनके अनगिनत गाँव जबरदस्ती उजाड़ दिए और उनको सड़कों के किनारे बसा दिया ताकि मीजो नेशनल फ्रंट के सेनानियों को गाँवों से कोई मदद न मिल सके, और देखना कि देश देख ही नहीं पा रहा है यह सब।

याद करना उस धूर्त मक्कारी को जिसके साथ यह सब किया गया। जब भारतीय सेना ने पुराने गाँवों को नेस्तनाबूद कर नए गाँवों में रहने के लिए लोगों को मजबूर कर दिया तो एक बड़ा सुहाना नाम भी दिया इन वसाहतों को। नाम था 'प्रोटेक्टेड एंड प्रोग्रेसिव विलेजेज'। 'संरक्षित और प्रगतिशील गाँव'।

पारम्परिक संस्कृति और अर्थव्यवस्था और सामूहिक जीवन शैली के बने-बनाए आधार को नष्ट कर हमने सुरक्षा और प्रगति दी मीजो लोगों को। यह मक्कारी अभी चल ही रही है। जिन चीजों को मीजो भूल नहीं पाते उनके साथ अभिन्न रूप से जुड़ा हुआ है बॉर्डर सिक्योरिटी फोर्स का नाम। अनिवार्य रूप से जुड़ जाता है इस नाम से मीजो लोगों का सारा आक्रोश। पर इस नाम से आप मिजोरम में—विशेष रूप से आइजॉल में—बच नहीं सकते। सर्वव्यापी है अब भी बॉर्डर सिक्योरिटी फोर्स की उपस्थिति।

इतना ही सर्वव्यापी है बॉर्डर सिक्योरिटी फोर्स का नारा : 'फ्रेंड्स ऑफ द हिल पीपुल।' 'पहाड़ के निवासियों के मित्र।' जरा सोचिए, पहाड़ों पर बसनेवाले मीजो लोगों पर क्या असर पड़ता होगा इस थोथे और बेईमान नारे का।

मिजोरम पूरे पूर्वोत्तर में सबसे शान्तिमय राज्य है। बाकी और राज्यों में स्थिति इससे बहुत ज्यादा गम्भीर है।

वैसे यह बात अभी शुरू ही हुई है। केवल दो सबक से पूरी नहीं होगी। हाँ, सोचने के लिए काफी हो सकते हैं दो भी।

उत्तर-पूर्व : असल सबक

वैसे तो बारह-तेरह सौ शब्दों में किसी भी बात को पूरा कह देना असम्भव-सा लगता है, पर पिछली बार देश के उत्तर-पूर्व और देश के बारे में जितना लिखा उसको लेकर कुछ ज्यादा ही शिद्दत से अहसास होता रहा है कि बात अभी बहुत बाकी है। सो एक बार फिर 'उत्तर-पूर्व और भारत'। उसी तालीम के सन्दर्भ में जो सौभाग्य से मिजोरम में बिताए दो सालों के दौरान नए सिरे से शुरू हुई।

मिजोरम जाते समय पक्की योजना बना ली थी कि आइजॉल में रहते हुए सारा पूर्वोत्तर क्षेत्र घूम लूँगा। जीवन में दुबारा तो ऐसा मौका मिलेगा नहीं, और दिल्ली से बार-बार इतनी दूर आना हो न सकेगा। वहाँ पहुँच कर समझ में आया कि सिर्फ नक्शे में जगहों की स्थिति देख कर घूमने की योजनाएँ नहीं बना करतीं। आइजॉल से पड़ोसी पूर्वोत्तर राज्यों में जाने के लिए रास्ता गुवाहाटी या कोलकाता का लेना होगा। कहने को तो ऐन बगल के इम्फाल के लिए सड़क है, पर उस यात्रा की अनिवार्य शर्त है यथेष्ठ धीरज और साहस। यह कोई दिल्ली से मुरादाबाद या मुजफ्फरनगर का जाना नहीं है कि बस में बैठे और पहुँच गए, या अपनी गाड़ी निकाल कर चल दिए। इम्फाल के लिए हवाई सेवा भी है—अगर आपके पास पैसा है—पर ज्यादा भरोसेमन्द नहीं।

जरा सोचिए कि आइजॉल से कोहिमा जाने के लिए पहले गुवाहाटी या कोलकाता जाने की मजबूरी का क्या मतलब बनता है पैसे और वक्त के मामले में। यह भी सोचिए कि यातायात के ऐसे अपर्याप्त साधनों के चलते पूर्वोत्तर राज्यों में क्या परस्पर आदान-प्रदान होगा, और क्या होगा वहाँ आर्थिक विकास।

हमें कभी बताया नहीं जाएगा कि यह सोची-समझी नीति का परिणाम है। अविश्वास से प्रेरित वही नीति जो अपने ही देशवासियों को बगैर विशेष अनुमति के पूर्वोत्तर के तथाकथित संवेदनशील राज्यों में जाने नहीं देती। अविश्वास के उसी तर्क का तकाजा है कि उस 'संवेदनशील क्षेत्र' में बसनेवाले विभिन्न लोग एक दूसरे के ज्यादा करीब न आ जाएँ।

वैसे कहने के लिए पूरे पूर्वोत्तर के सर्वांगीण विकास को लेकर बड़ी-बड़ी बातें होंगी। न केवल भारत के पूर्वोत्तर की, बल्कि चीन, म्यांमार, बंगलादेश, थाईलैंड आदि पड़ोसी देशों के साथ मिल कर बनाए एक विशाल पूर्वोत्तर आर्थिक क्षेत्र की संयुक्त प्रगति की महती योजनाओं के वादे होंगे। ये वादे जब पूरे होंगे—उस क्षेत्र में व्याप्त अन्तर्राष्ट्रीय असुरक्षा, अविश्वास और विवादों के वातावरण में—तब होंगे। फिलहाल उनके कारण असन्तोष ही बढ़ता है।

साम्राज्यवाद की चपेट में आने के बाद इस क्षेत्र के लोगों को कृत्रिम राजनीतिक विभाजनों का शिकार होना पड़ा है। विदेशी साम्राज्यवाद के अन्त ने इस समस्या को और गहरा किया है। मसलन, भारत और चीन के सीमा विवाद ने, और उससे भी अधिक तिब्बत पर चीन के आधिपत्य ने, तवांग के बौद्ध लोगों का सांस्कृतिक मर्म ही विच्छिन्न-सा कर दिया है। बंगलादेश और म्यांमार ने बिलकुल नए राजनीतिक विभाजनों को जन्म देकर पूर्वोत्तर के तमाम लोगों के पारम्परिक सांस्कृतिक, सामाजिक और आर्थिक सूत्रों को तोड़ दिया है। पुरानी सामूहिक पहचानों और आर्थिक निर्भरताओं में बरबस परिवर्तन भले ही आ गए हों, उनकी कामना और उनके आधार पर एक नई और वर्तमान आवश्यकताओं के अनुसार ढाली गई विशाल परस्परता की जरूरत पूरे पूर्वोत्तर में विद्यमान है।

भारत अपना राष्ट्र कम और साम्राज्यवाद का वारिस अधिक लगता है। पूर्वोत्तर में बसनेवालों को।

लोगों को लगने की बात करें तो स्थिति इससे भी ज्यादा गम्भीर है। इसको आप ब्रिटिश साम्राज्यवादियों और ईसाई मिशनरियों की चतुराई कहें या कुछ और, सच यह है कि मिजोरम और नगालैंड—जहाँ के निवासी लगभग शत-प्रतिशत ईसाई हैं—में आम धारणा यह है कि ईश्वर ने प्रसाद स्वरूप उनके उपकार के लिए अंग्रेजी राज्य और ईसाई धर्म भेज दिए। वर्ना वे लोग अपने पूर्वजों की ही तरह जंगली 'हेड हंटर्स' बने रहते। मानव सिरों के क्रूर शिकारी।

ऐसा नहीं है कि चर्च और विदेशी मिशनरियों को लेकर उन लोगों को कभी परेशानी नहीं हुई। न जाने कितने मौके और मसले ऐसे आए जब उन्हें विदेशी चर्च और मिशनरियों के खिलाफ आवाज उठानी पड़ी, जब उन्हें लगा कि समानता और भाईचारे का दावा करनेवाले मिशनरी उनको अपने से निकृष्ट मानते हैं। कई बार उनको ऐसा भी लगा कि उनको अंग्रेजी शिक्षा के माध्यम से प्रगति के रास्ते पर ले जाने का वादा करनेवाले अंग्रेज शासक और यूरोपीय मिशनरी दोनों ही दरअसल नहीं चाहते कि एक सीमा के आगे वे लोग विकास कर सकें।

यह सब हुआ। पर जो स्मृति बनी वह यही थी–और आज भी है–कि अंग्रेजी राज्य और ईसाई मिशनरियों ने उन्हें जंगली से आदमी बनाया।

कैसे यह सम्भव हुआ वह अपने आप में एक दिलचस्प और टेढ़ा सवाल है। वास्तव में यह उसी प्रक्रिया की कदाचित् अतिशय अभिव्यक्ति है, जिसकी वजह से यह सम्भव हो पाया कि बंगाल से शुरू हो 1947 में औपचारिक रूप से समाप्त होनेवाली एक सौ नब्बे साल की गुलामी के बावजूद हर भारतीय आधुनिक भारत के निर्माण के लिए कमोबेश अंग्रेजी राज्य को श्रेय देता है। वे लोग भी, अपने अन्तःकरण में, जो आगबबूला हो जाते हैं अपने प्रधानमंत्री के ऑक्सफोर्ड विश्वविद्यालय में दिए गए वक्तव्य पर कि भारत की प्रगति का सम्बन्ध है अंग्रेजी शासन से।

जिस तरह न जाने कितने लोग अठारहवीं सदी के 'अन्धकार' की बात करते हैं, जिससे अंग्रेजी शासन के आगमन ने हमें उबार लिया, या उनकी तरह जो पृथ्वीराज चौहान की पराजय से प्रारम्भ हुए व्यापक 'पतन' का अन्त उसी अंग्रेजी राज्य में देखते हैं, कुछ उसी तरह मीजो और नागा लोग बगैर किसी ऐतिहासिक आधार के अपने को 'हेड हंटर्स' माने बैठे हैं।

कैसा अद्भुत था/है ब्रिटिश साम्राज्यवाद–और ईसाइयत–का बौद्धिक–मनोवैज्ञानिक प्रभुत्व।

और हम? चाहे भारतीय शासन हो चाहे 'देश' में बसनेवाले लोग, इस नए 'साम्राज्यवाद' के लिए ब्रिटिश साम्राज्य के सहर्ष स्वीकार का शतांश भी नहीं मिलेगा।

भारतीय शासन के विरुद्ध क्षोभ आसानी से समझ में आ जाता है। पर 'भारत' के निवासी क्यों अब भी–विदेशी–वाई ही बने हुए हैं?

आइजॉल पहुँचने के फौरन बाद पूर्वोत्तर को देखने-समझने की अपनी योजना के अनुसार मैं शिलांग गया। पत्नी साथ थीं। पूरे पूर्वोत्तर में शिलांग आज भी शिक्षा का गढ़ है। अंग्रेजों के जमाने से उसका महत्त्व चला आ रहा है। स्वतन्त्र केन्द्रीय विश्वविद्यालय बनने से पहले मिजोरम विश्वविद्यालय शिलांग स्थित नॉर्थ ईस्ट हिल यूनिवर्सिटी के आइजॉल कैम्पस के रूप में जाना जाता था। मुझे विश्वास था कि वहाँ के विभिन्न संस्थानों में जाकर और लोगों से मिल कर मुझे काफी कुछ मालूम पड़ेगा।

हुआ भी वैसा ही। एक घटना आप भी सुनें। हम दोनों कहीं रात्रि भोज पर आमन्त्रित थे। जैसा कि हम जैसों के साथ अक्सर होता है, मेजबान और लगभग सभी मेहमान बौद्धिक या लेखक थे। पर एक सज्जन थे जो उस क्षेत्र में बॉर्डर

सिक्योरिटी फोर्स के वरिष्ठ अधिकारी थे। बातचीत घूमती-घामती किसी वक्त पूर्वोत्तर के आतंकवाद पर आ गई। स्वाभाविक था कि इस विषय पर औरों से ज्यादा बीएसएफ वाले सज्जन बोले। यह कहते हुए कि आप लोग इस इलाके में पहली बार आए हैं और आपको यहाँ की खास जानकारी नहीं होगी, उन्होंने हमें तमाम वे बातें बताईं जो देश में सब लोग जानते हैं। वे भी जो पूर्वोत्तर के सारे राज्यों के नाम न बता सकेंगे।

उन्होंने बताया कि किस तरह से आतंकवाद एक व्यवसाय बन गया है पूर्वोत्तर में। कि उस समय गिनती क्या थी आतंकवादी संगठनों की, और यह संख्या बढ़ती रहेगी। कि किस तरह आतंकवादी न केवल आम जनता से, बल्कि सरकारी अफसरों तक से हर महीने पैसा वसूल करते हैं। भाव यह था कि आतंकवादी एक तरफ हैं और उनसे आक्रान्त जनता दूसरी तरफ।

काफी कुछ सुनने के बाद हमने उनसे इम्फाल में बॉर्डर सिक्योरिटी फोर्स के मुख्यालय के सामने नग्न स्त्रियों के प्रदर्शन का उल्लेख किया। हमने कहा कि जब किसी समाज में स्त्रियों को इस तरह का प्रदर्शन करने पर विवश हो जाना पड़े तो आतंकवाद को कोरा व्यवसाय कह कर समस्या को टाला नहीं जा सकता। कि केवल गहरे पैठा आक्रोश ऐसा कर सकता है।

हम दोनों थोड़ा विचलित हो गए थे यह सब कहते-कहते। पर अधिकारी महोदय अविचलित थे जब, फिर याद दिलाते हुए कि हम नए हैं उस इलाके में, उन्होंने कहा कि यहाँ पैसा देकर कुछ भी कराया जा सकता है।

हम दोनों के अलावा–सिवाय हमारे मेजबान के जो मौन रहे–सब सहमत थे अधिकारी महोदय से। वे सब हमारे जैसे 'देश' वासी थे। मौन मेजबान स्थानीय थे।

शिलांग में भोज के समय हम नए थे। कुछ नहीं जानते थे, हमें बताया गया था। आज जानते हैं काफी कुछ। आज भी वही सोचते हैं जो तब सोचते थे।

'देश' कैसे सोचता है, निर्धारित करेगा कि उत्तर-पूर्व कैसे सोचता है।

रखमाबाई

बात तकरीबन 35 साल पुरानी है, पर लगता है जैसे कल ही हुई हो। अपनी किसी रिसर्च के लिए मैं सिलसिलेवार सन् 1887 के अखबार देख रहा था। उस रोज प्रसिद्ध समाज सुधारक बहरामजी मलबारी के सम्पादकत्व में निकलनेवाला साप्ताहिक 'इंडियन स्पेक्टेटर' पढ़ रहा था। जनवरी से शुरू कर के मार्च तक ही पहुँचा था कि एक सम्पादकीय ने मुझे पूरी तरह से अपनी गिरफ्त में ले लिया। जिस विषय की वजह से मैं 1887 के अखबार देख रहा था उसको मैं भूल गया, और इस सम्पादकीय में जिस अद्‌भुत, पर इतिहास में अजान, महिला का जिक्र था उसकी कहानी जानने में लग गया।

एक लम्बी खोज की शुरुआत थी यह। दिल्ली, बम्बई, कलकत्ता, पूना, लन्दन इत्यादि शहरों में तरह-तरह की सामग्री जुटाई। जाना कि शोध कितना सुखदायी हो सकता है। यह भी कि कैसे ऐसा शोध आपको बदल सकता है।

बहुत दिनों से मन था कि इस अद्‌भुत महिला—रखमाबाई—की कहानी यहाँ सुनाऊँ। एक ऐसी महिला जिसने अपने पति के साथ रहने से इनकार कर दिया क्योंकि वह उसको नापसन्द करती थी।

रखमाबाई 11 साल की थीं जब उनकी शादी उनसे 9-10 साल बड़े दादाजी भीकाजी से कर दी गई। उस समय वह बम्बई में अपने सौतेले पिता डॉ. सखाराम अर्जुन के साथ रहती थीं। शादी के वक्त यह तय किया गया था कि दादाजी घर जमाई बनकर अपनी ससुराल में रहेंगे। ऐसा इसलिए किया गया था कि दादाजी थोड़ी-बहुत पढ़ाई करके किसी ढंग के काम में लग सकेंगे। पर उनको ससुराल का अनुशासन रास नहीं आया और वह थोड़े ही दिनों बाद अपने मामा के साथ रहने लगे।

मामा, नारायण धर्माजी, के घर का वातावरण उसके बिलकुल विपरीत था जिसमें रखमाबाई रह रही थीं। मामा एक मामूली ठेकेदार थे। एक मजदूरिन के साथ उनके नाजायज सम्बन्ध हो गए थे और उसको वह अपने ही परिवार के साथ

रहने के लिए ले आए थे। उस घर का वातावरण और मामा का चरित्र कैसा रहा होगा इसका अन्दाजा इससे लगाया जा सकता है कि रखमाबाई जब पहली बार वहाँ गई तो पहली ही रात के बाद वह अपने घर लौट गई और उसने पक्का फैसला कर लिया कि फिर कभी वह उस घर में घुसेगी नहीं।

शादी के बाद 11 साल तक रखमाबाई का अपने पति के साथ सहवास नहीं हुआ। वे दोनों अपने विपरीत वातावरणों में रहते रहे। यद्यपि शादी के बाद रखमाबाई को स्कूल से निकाल लिया गया था, वह घर में रह कर ही अपने उद्योग से अपने को शिक्षित करती रही। चूँकि सखाराम अर्जुन शहर के नामी डॉक्टर थे और सुधारक प्रवृत्ति के थे, उनके घर में नामी-गिरामी हिन्दुस्तानियों और अंग्रेजों का आना-जाना रहता था। भले ही रखमाबाई सीधे शरीक न होती हो उन लोगों के साथ बातचीत में, पर उसके मानसिक विकास पर अच्छा प्रभाव पड़ता रहा उन 11 सालों में।

उधर दादाजी अपने मामा के आसरे रहते-रहते खासे निखट्टू होते गए। उनकी सोहबत तो बिगड़ी थी ही, उनकी सेहत भी बिगड़ने लगी। दिनोदिन वह रखमाबाई जैसी सुशील लड़की के लिए अयोग्य पति होते गए।

इस उत्तरोत्तर बढ़ती दूरी के चलते रखमाबाई—और सखाराम अर्जुन भी—किसी-न-किसी बहाने दादाजी की सहवास की माँग को टालते रहे। आखीर में परेशान होकर—और अपने मामा की शह पाकर—दादाजी ने बम्बई हाईकोर्ट में रेस्टिट्यूशन ऑफ कांजुगल राइट्स (वैवाहिक अधिकार की पुनः स्थापना) का मुकदमा दायर कर दिया रखमाबाई के खिलाफ।

1884 में दायर हुए इस मुकदमे की सुनवाई 1885 में एक अंग्रेज जज पिनी की अदालत में हुई। इस बीच बहरामजी मलबारी को रखमाबाई के बारे में पता चल गया था और उन्होंने 'टाइम्स ऑफ इंडिया' के अंग्रेज सम्पादक को रखमाबाई की मदद करने के लिए तैयार कर लिया था। सो जिस दिन इस मुकदमे की सुनवाई होनी थी उसी दिन 'टाइम्स ऑफ इंडिया' ने हिन्दू औरतों की दयनीय दशा के बारे में एक लम्बी चिट्ठी छापी। 'ए हिन्दू लेडी' के छद्म नाम से छपी इस चिट्ठी की लेखिका थीं रखमाबाई।

पढ़े-लिखों, खासतौर से अंग्रेजों, की दिनचर्या को ध्यान में रखते हुए यह निश्चित रूप से माना जा सकता है कि न्यायमूर्ति पिनी ने सुबह ही सुबह 'ए हिन्दू लेडी' की चिट्ठी जरूर पढ़ी होगी। इसलिए और भी कि 'टाइम्स ऑफ इंडिया' ने इस चिट्ठी के साथ-साथ एक सम्पादकीय भी छापा था अपने पाठकों का ध्यान चिट्ठी की तरफ खींचने के लिए।

उस मार्मिक पत्र और वैसे ही मार्मिक सम्पादकीय को पढ़ने के बाद जब पिनी के सामने यह मुकदमा आया तो उसको समझते देर नहीं लगी कि रखमाबाई जैसी सुसंस्कृत लड़की को कानून का सहारा लेकर किस तरह से लोग जबरदस्ती अपने साथ रखना चाह रहे हैं। जब उसने दादाजी, मामा और दादाजी के भाई की गवाही सुनी और उनको देखा तो उसे लगा कि ऐसे झूठे और मक्कार लोगों के हवाले अगर उसने रखमाबाई को कर दिया तो भारी अनर्थ हो जाएगा।

मुकदमे की सुनवाई शनिवार को हुई थी। सारे इतवार पिनी को यही चिन्ता सताए रही कि कानून की कौन-सी व्याख्या करके वह रखमाबाई को बचा सकता है। आखिर में उसे एक रास्ता सुझाई पड़ गया। सोमवार को मुकदमे को आगे बढ़ाते हुए दादाजी के वकील ने अपने तर्क प्रस्तुत किए। इसके बाद रखमाबाई की तरफ से बम्बई के अंग्रेज एडवोकेट–जनरल, लेथम, बोलने के लिए खड़े हुए। वह कुछ कह पाएँ उससे पहले ही न्यायमूर्ति पिनी बोल उठे, 'एडवोकेट महोदय, अगर आपको इस न्यायालय की मदद के लिए कुछ खास नहीं कहना है तो मैं अपना फैसला सुनाने के लिए तैयार हूँ।' इसके बाद लेथम को क्या कहना हो सकता था, सो वह बैठ गए।

और तब पिनी ने एक जबरदस्त फैसला सुनाया। उसके विस्तार में न जाकर मैं केवल उस तर्क का जिक्र करूँगा जिसके आधार पर पिनी ने रखमाबाई के पक्ष में फैसला किया। पिनी ने कहा कि यह मुकदमा वैवाहिक अधिकार की पुनःस्थापना का था। पुनःस्थापना तभी सम्भव है जब कोई अधिकार एक बार स्थापित हो चुका हो। पर रखमाबाई के साथ विवाह के 11 सालों के दौरान कभी सहवास न करने की स्थिति में दादाजी का कोई वैवाहिक अधिकार स्थापित नहीं हुआ था। पिनी ने कहा कि उनके लिए सम्भव था कि पुनःस्थापना का अर्थ वह इस तरह लगाएँ कि स्थापना भी उसमें शामिल हो जाए। लेकिन इस मुकदमे में जिस तरह के तथ्य उनके सामने आए थे और जैसी झूठी गवाहियाँ उन्होंने सुनी थीं उनको ध्यान में रखते हुए पुनःस्थापना का कोई ऐसा अर्थ विस्तार वह करने के लिए तैयार नहीं थे जो रखमाबाई के प्रतिकूल जाए।

इतना ही नहीं, पिनी ने यह आदेश भी दिया कि दादाजी रखमाबाई के इस मुकदमे में हुए खर्चे की भरपाई करें।

पिनी के फैसले ने सारे भारतीय समाज को हिला दिया। एक तरफ समाज सुधारकों ने इसका स्वागत करते हुए कहा कि पिनी ने एक दिन में भारतीय नारी–केवल हिन्दू नारी नहीं–के लिए उतना कर दिया जितना सालों में नहीं हुआ था। दूसरी तरफ तमाम लोगों को लगा कि इस फैसले से भारतीय विवाह

और भारतीय परिवार दोनों पर ही कुठाराघात हुआ है। एक ऐसे देश में जहाँ हर समुदाय में शादियाँ लगभग बचपन में ही हो जाती थीं, परिवार और विवाह की स्थिरता कैसे बचेगी, अगर रखमाबाई की ही तरह, लोग वयस्क होने पर बचपन में हुई शादी को मानने से इनकार करने लगे और कानून उनका साथ देने लगा।

पिनी के फैसले के बाद दादाजी बनाम रखमाबाई दो व्यक्तियों या परिवारों का मुकदमा न रहा। अब यह परस्पर विरोधी सामाजिक शक्तियों की टकराहट का माध्यम बन गया। जल्दी ही पिनी के फैसले के खिलाफ बम्बई हाई कोर्ट में ही अपील दायर कर दी गई।

अपील के दौरान इस मुकदमे के आधारभूत सिद्धान्तों पर लम्बी बहस छिड़ी। इनमें दो प्रमुख थे। एक तो यह कि क्या वैवाहिक अधिकार की पुनःस्थापना के कानून के तहत वैवाहिक अधिकार की स्थापना का आदेश दिया जा सकता है। दूसरा यह कि—जैसा रखमाबाई और दादाजी के मामले में हुआ था—पति-पत्नी के बीच सहवास न होने पर हिन्दू विवाह को पूर्णरूप से सम्पन्न या स्थापित माना जाएगा या नहीं।

मुख्य न्यायाधीश समेत दो जजों की बेंच ने इन दोनों सिद्धान्तों पर पिनी की व्याख्या को ठुकरा दिया। उन्होंने आदेश दिया कि इस मुकदमे की नए सिरे से सुनवाई की जाए। पर वह सुनवाई रखमाबाई और दादाजी के आपसी सम्बन्धों और उनको लेकर जो भी परेशानियाँ हों—मसलन दादाजी की सेहत, गरीबी या उसका चरित्र—उनके आधार पर होगी, सिद्धान्तों के आधार पर नहीं।

पर रखमाबाई का सारा बचाव सिद्धान्तों पर आधारित था। सो जब यह मुकदमा फिर सुनवाई के लिए आया तो सीधे-सीधे उन्होंने जज से कह दिया, 'चूँकि यह न्यायालय सिद्धान्तों पर विचार नहीं कर सकता मुझे यहाँ अपनी सफाई में कुछ भी नहीं कहना। न्यायालय के प्रति पूरे सम्मान के साथ मैं सिर्फ इतना कहना चाहती हूँ कि अगर इसका फैसला मेरे खिलाफ हुआ तो मैं उस फैसले को नहीं मानूँगी। मैं उस आदमी के पास नहीं जाऊँगी। जो भी ज्यादा से ज्यादा सजा कानून में ऐसी अवज्ञा के लिए है मैं उसे भोगना पसन्द करूँगी।'

इस तरह के मुकदमे में अवज्ञा की सजा की छह महीने की जेल और/या जायदाद का छीन लिया जाना।

25 साल की रखमाबाई ने ऐसा अभूतपूर्व प्रतिरोध 1887 में किया। गांधी उस वक्त केवल 18 वर्ष के थे और निष्क्रिय प्रतिरोध या सत्याग्रह जैसे विचार की भनक तक नहीं थी तब।

फैसला जो होना था वही हुआ। पर रखमाबाई के प्रतिरोध का जादुई असर हुआ। अंग्रेज वायसरॉय ने घबड़ा कर कहा कि इस युवती को जेल जाने से रोकना होगा। बाल गंगाधर तिलक समेत जितने रूढ़िवादियों ने दादाजी के मुकदमे को अपना बना लिया था सबने जोर दिया कि इस मामले को आगे न बढ़ाया जाए। वह भी घबड़ा गए थे कि रखमाबाई का जेल जाना हिन्दू समाज और संस्कृति के लिए भारी कलंक होगा। सुधारवादी तो शुरू से ही रखमाबाई के साथ थे। कोशिश करने लगे रखमाबाई को बचाने की।

और भी बहुत कुछ है इस अद्‌भुत युवती की कहानी में।

रखमाबाई का ऐतिहासिक महत्त्व

पिछली बार रखमाबाई की कहानी अधूरी रह गई थी। उस जगह जहाँ एक छोटी-सी 'ना' के सहारे 25 साल की इस युवती ने न केवल भारतीय समाज को बल्कि अंग्रेजों की शक्तिशाली औपनिवेशिक सत्ता को भी हिला कर रख दिया था।

सारा मामला एक पति-पत्नी के आपसी विवाद से शुरू हुआ था। इस विवाद में कुछ भी अनोखा नहीं था। उस समय न जाने कितनी औरतें, आज की ही तरह, रखमाबाई की तरह दमित और घुटा-घुटा महसूस करती रही होंगी। उस कैद से छुटकारा चाहती रही होंगी। सच तो यह है कि रखमाबाई की स्थिति और तमाम दमित औरतों जितनी असहनीय नहीं थी। (वैसे सच पूछें तो भावनात्मक प्रतिक्रिया के स्तर पर किसी स्थिति को वस्तुस्थिति नहीं माना जा सकता। वही स्थिति किसी के लिए कम और किसी और के लिए ज्यादा असहनीय हो सकती है।)

रखमाबाई ने जिस चीज को गलत समझा उसको मानने से इनकार कर दिया। और जता दिया कि इनकार करने के लिए मिलनेवाली कड़ी से कड़ी सजा उन्हें मंजूर होगी। 1887 में, जब 'भले' घरों की स्त्रियाँ अदालतों में कदम तक नहीं रखना चाहती थीं, छह महीने के लिए जेल जाने के लिए तैयार हो जाना—और अपनी जायदाद को भी दाँव पर लगा देना—एक ऐसा नैतिक प्रतिरोध था जिसकी कल्पना भी उस समय आसान नहीं थी।

यह एक ऐसा प्रतिरोध था जिसको करते समय रखमाबाई खुद नहीं जानती होंगी कि उसका क्या परिणाम होगा। पर, भले ही वह जेल चली जाएँ और जायदाद खो बैठें, इस प्रतिरोध के महत्त्व को वह समझती थीं। कम से कम एक और व्यक्ति भी था उनके साथ जो इस प्रतिरोध के दूरगामी महत्त्व को समझ रहा था। यह थे बहरामजी मलबारी। स्त्रियों की स्वतन्त्रता के लिए जी-जान से

समर्पित मलबारी बार-बार कह रहे थे उस वक्त कि वह चाहते हैं कि रखमाबाई को जेल जाना पड़े।

एक तरफ औपनिवेशिक राज्य और संगठित रूढ़िवाद की साझी शक्ति और दूसरी तरफ एक मासूम युवती, लगभग अकेली। इतनी अकेली कि उसकी माँ और उसके नाना लगातार दबाव डालते रहे उस पर अपने पति के पास जाने के लिए। मुकदमे का मतलब था उनके लिए खानदान की बेइज्जती। ले-देकर एक अकेले डॉ. सखाराम अर्जुन थे, उसके सौतेले पिता, जो उसके साथ थे। पर वह भी परलोक सिधार गए जस्टिस पिनी के सामने मुकदमा आने से पहले।

कैसा अकेला और असहाय महसूस किया होगा 22 वर्षीय रखमाबाई ने? कितनी बार नहीं आया होगा उसके मन में कि चली ही जाए पति के पास? कैसे बार-बार उबरी होगी उस गहराती निराशा से?

और बात भी वह ऐसी कर रही थी जिसको समझना कम से कम उसके समय के लोगों के लिए बड़ा ही मुश्किल था। शादियाँ तो सभी की कच्ची उम्र में होती थीं। पति-पत्नी का बेमेल होना भी कोई अनहोनी नहीं थी। वैसे भी उसने कोई मौका ही कहाँ दिया था अपने पति को, और अपने आपको, इस शादी को कामयाब बनाने का? ऐसे ही नापसन्दी का नाम लेकर अगर विधिवत् हुई शादियों से मुकरने लगे लोग तो समाज और कानून का क्या होगा?

सच तो यह है कि आज भी नापसन्दी के आधार पर सहवास से इनकार करने की कानून में इजाजत नहीं है।

एक बहुत ही क्रान्तिकारी विचार रख रही थीं रखमाबाई दुनिया के सामने। ऐसा नहीं है कि वह खुद उस वक्त अपने संकल्प के महत्त्व को साफ-साफ समझ पा रही थीं। बस एक बात वह बखूबी जान रही थीं कि दुनिया जो चाहे कहे, वह सही काम कर रही हैं।

रखमाबाई ने जिस अन्याय को महसूस किया, जाना कि भले ही लोगों को सामान्य, इसलिए स्वीकार्य, लगे यह, पर है अन्याय ही, वह उनका निजी अनुभव था। पर जल्दी ही वह समझने लगीं कि उनके प्रतिरोध का सम्बन्ध उनकी असंख्य बहनों से भी है। कि उनका संघर्ष केवल अपने लिए नहीं है बल्कि उन सबके लिए है जो, लड़की होने के नाते, गुलामी में पैदा होती हैं।

इस संघर्ष में जीत की सम्भावना न के बराबर थी। पर संघर्ष जरूरी था रखमाबाई के लिए। और कुछ नहीं तो यह सन्तोष तो मिलेगा कि अन्याय का विरोध किया, उसके आगे घुटने नहीं टेक दिए।

इसी नैतिक साहस ने धीरे-धीरे रखमाबाई को पराजय के ऐन सामने प्रतिरोध का वह रास्ता सुझाया जिसकी मुकदमे के उस निर्णायक मोड़ पर पहुँचने तक उनको खुद खबर नहीं रही होगी।

सत्याग्रह से पहले सत्याग्रह तक पहुँच गईं रखमाबाई अपने नैतिक साहस के सहारे।

और इसी नैतिक साहस ने धीरे-धीरे रखमाबाई का अकेलापन खत्म कर दिया। सखाराम अर्जुन के देहान्त के बाद भी जब रखमाबाई अपने इरादे से न डिगीं तो उनकी माँ और उनके नाना भी उनके साथ खड़े हो गए। फिर बहराम जी मलबारी ने उनका मुकदमा अपना मुकदमा बना लिया। उसी दौरान 'टाइम्स ऑफ इंडिया' के सम्पादक, हैनरी कर्वेन, ने भी रखमाबाई के पक्ष का महत्त्व समझ उनका समर्थन करना शुरू कर दिया। बाद में तो स्थिति यह हो गई कि बम्बई उच्च न्यायालय के आदेश के बाद कि रखमाबाई को अपने पति के साथ रहना है–जिस आदेश को न मानने की घोषणा रखमाबाई कर ही चुकी थीं–एक बहुत ही प्रभावशाली 'रखमाबाई बचाव समिति' का गठन किया गया।

ब्रिटेन में शायद ही कोई महत्त्वपूर्ण अखबार या पाक्षिक रहा हो जिसने रखमाबाई के समर्थन में न लिखा हो। लन्दन के 'टाइम्स' ने तो न केवल शुरू से आखिर तक इस मुकदमे की खबरें छापीं, बल्कि कई सम्पादकीय भी लिखे और तमाम पत्र छापे। इनमें एक पत्र स्वयं रखमाबाई का था। जस्टिस पिनी, जो रखमाबाई के पक्ष में फैसला सुनाने के तुरन्त बाद रिटायर होकर इंग्लैंड वापस चले गए थे, ने 'आरएचपी.' के नाम से एक लम्बा पत्र रखमाबाई के समर्थन में लिखा। अन्य पत्र लिखनेवालों में मैक्स मूलर सरीखे लोग शामिल थे। एडिनबरा के एक प्रमुख समाचारपत्र में रखमाबाई पर एक मार्मिक कविता भी छपी।

उस समय ब्रिटेन में नारी मुक्ति का मसला उभार पर था। इसका नेतृत्व करनेवाली कुछ महिलाओं ने रखमाबाई के प्रतिरोध के व्यापक सन्दर्भ को समझ उनके जीवन और संघर्ष पर गम्भीर लेख छापे। मुकदमे से मुक्ति पाकर जब रखमाबाई डॉक्टरी की शिक्षा पाने लन्दन गईं तो पहले से ही लोग उनके महत्त्व से परिचित थे। पूरा एक नाटक भी छपा था मराठी में उसी वक्त रखमाबाई को लांछित करते हुए।

इतना ही नहीं, ब्रिटिश संसद में भी रखमाबाई का नाम गूँजा जब एक सदस्य ने सवाल पूछा कि उनको जेल जाने से रोकने के लिए सरकार की तरफ से कुछ किया जा रहा था या नहीं।

एक अनजान अकेली सहमी लड़की थी रखमाबाई जब उसने अपनी लड़ाई शुरू की। कैसी प्रताड़ना झेली उसने उस लड़ाई के दौरान। पड़ोस और मुहल्ले और शहर में जो सुनना और झेलना पड़ता था उसके अलावा आए दिन विरोधी अखबारों और पत्रिकाओं में अश्लील और निराधार लेख छपते और उसको विचलित कर देते। पूरा एक नाटक भी छपा था उस वक्त मराठी में रखमाबाई को सार्वजनिक रूप से लांछित करते हुए।

इस लड़की ने हिला कर रख दिया सारी व्यवस्था को। देशी भी विदेशी भी।

बीज रूप में ऐसा क्रान्तिकारी विचार था रखमाबाई के प्रतिरोध में जो अभी भी कानून और समाज अमल में नहीं ला पा रहे। यह विचार है नारी के अपने शरीर पर पूर्ण अधिकार का। कोई भी नारी किसके साथ सहवास करेगी या नहीं, यह कोई बाहरी सत्ता निर्धारित नहीं कर सकती।

रखमाबाई के मुकदमे के सौ साल बाद 'सरिता बनाम वेंकट सुबैय्या' में अपना फैसला सुनाते वक्त आन्ध्र प्रदेश उच्च न्यायालय के न्यायमूर्ति रॉय चौधरी ने भारतीय संविधान का हवाला देते हुए नारी के इस मूलभूत अधिकार को माना। पर उनके फैसले को अगले ही साल सर्वोच्च न्यायालय ने निरस्त कर दिया।

जाहिर है रखमाबाई ने जिस कहानी को शुरू किया वह अभी पूरी नहीं हुई है।

एक और स्तर पर रखमाबाई खुद इस कहानी को अधूरा छोड़ गईं। इंग्लैंड से लौट कर वह सूरत के एक अस्पताल में काम करने लगी थीं। वहाँ अचानक एक दिन तार से उनको खबर मिली कि दादाजी की मृत्यु हो गई।

जिस समय रखमाबाई मुकदमे से छुट्टी पा इंग्लैंड जा रही थीं डॉक्टरी पढ़ने, उसी समय दादाजी ने दूसरी शादी कर ली थी। वैसे भी रखमाबाई का तर्क था कि दादाजी के साथ शादी होने के वक्त वह वयस्क नहीं थीं और इस कारण वह इस लायक नहीं थीं कि शादी को अपनी सहमति दे सकें। मतलब यह–एक और क्रान्तिकारी विचार–कि जिस शादी को उन्होंने अपनी रजामन्दी ही नहीं दी थी उसे मानने के लिए उन्हें बाध्य नहीं किया जा सकता था।

दादाजी को अपना पति मानने तक को तैयार नहीं थी रखमाबाई। पर दादाजी की मौत का तार पा उन्होंने विधवा के वस्त्र धारण कर लिए। ताउम्र उसी तरह रहीं वह।

विचार के संस्कार का हिस्सा बन जाने की प्रक्रिया बड़ी लम्बी चलती है। सौ साल अमूमन नाकाफी होते हैं उसके लिए।

रखमाबाई के वैधव्य की कहानी सुन कर ही सुन्दरम् साहब को बनवास के वक्त राम को भेजे गए सीता के सन्देश की याद आई थी। वह सन्देश जिसमें सीता राम की भर्त्सना से शुरू कर अन्त करती हैं इस प्रार्थना से कि अगले जन्म में भी राम ही पति हों उनके। (इस प्रसंग के लिए आगे देखें 'राम की भर्त्सना'।)

हिन्दू विवाह और तलाक

रखमाबाई प्रकरण अपनी तरफ से मैंने पूरा कर दिया था पिछले पखवाड़े। यह मानते हुए कि सवा सौ साल पहले औपनिवेशिक भारत में शुरू हुआ यह दुर्भाग्यपूर्ण प्रकरण आज़ाद हिन्दुस्तान में भी किसी-न-किसी तरह चलता ही जा रहा है। अपने मन और शरीर पर अधिकार के जिस क्रान्तिकारी विचार की स्थापना रखमाबाई प्रकरण में हुई थी वह तरह-तरह से नकारा जाता रहा है इन सवा सौ सालों में। इस नकार का एक ऐसा अविश्वसनीय प्रदर्शन हाल में हुआ है कि पुनः रखमाबाई के प्रतिरोध को फिर याद करना पड़ रहा है।

1955 के हिन्दू विवाह अधिनियम में तलाक का प्रावधान होने के बाद धीरे-धीरे उन जातियों और वर्गों में भी तलाक होने लगा जो विवाह को, जन्म-जन्मान्तर का हो या न हो, इस जन्म के लिए एक अटूट सम्बन्ध मानते थे। आधुनिक जीवन से जुड़ी अनेक सामाजिक, सांस्कृतिक और आर्थिक परिस्थितियों ने पारिवारिक और वैवाहिक सम्बन्धों की पारम्परिक पकड़ को ढीला कर तलाक की प्रवृत्ति को बढ़ावा देना शुरू कर दिया। व्यक्ति की आज़ादी और इच्छा का जज्बा जोर पकड़ने लगा। प्रेम-विवाह और तलाक दोनों की संख्या बढ़ने लगी। एक नई मानसिकता जड़ें जमाने लगी।

पर लोगों के सोचने और रहने के तरीकों में तेजी से हो रहे बदलाव के साथ-साथ पुराने मूल्यों, आदर्शों और रीति-रिवाजों का आकर्षण भी बना रहा। एक ही व्यक्ति में बाहर से एक दूसरे के विपरीत दिखनेवाली ये दोनों प्रवृत्तियाँ निरन्तर बदलते अनुपात में अपनी-अपनी जगह बनाए रहीं। परम्परा से प्रेम और उसी के साथ परिवर्तन की कामना दोनों ही बगैर किसी बड़े तनाव के लोगों के मानस में बसे रहे।

हम सब कुछ ऐसे जीते रहे कि दूसरों में तो इस विरोध को देखते रहे—खासी आलोचनात्मक नजर से देखते रहे—पर अपने बारे में आश्वस्त रहे कि हमने इन द्वन्द्वों और अन्तर्विरोधों को सुलझा लिया है।

अपनी ही बात कहूँ। रखमाबाई के बारे में पहली बार पढ़ते ही मैं ऐसा अभिभूत हो गया कि उनके मुकदमे को लेकर एक किताब ही लिख दी। जैसे-जैसे मैं उनके बारे में जानकारी इकट्ठी करता वैसे-वैसे एक आदर मिश्रित अचम्भा बढ़ता जाता कि रखमाबाई सम्भव कैसे हो गईं उस काल में। और उस शोध के दौरान जब मैंने जाना कि पति की मौत की खबर पाते ही उन्होंने वैधव्य धारण कर लिया तो बुरी तरह बेचैन हो गया। कुछ ऐसा आहत-सा हो गया मानो मेरे साथ विश्वासघात हुआ हो। कई साल लग गए उस मनःस्थिति से उबरने में। जाहिर है मैं रखमाबाई की जिन्दगी में एक तार्किक संगति और सिद्धान्त के प्रति अटूट समर्पण की अपेक्षा किए हुए था उनसे अभिभूत होने के क्षण से ही।

यह स्वीकारोक्ति जरूरी है आगे की बात करने से पहले। चूँकि मुमकिन है कि जो कुछ हुआ है और उसको लेकर मेरी जो प्रतिक्रिया है उसमें कुछ ऐसा हो जो मैं देख नहीं पा रहा।

अभी दो हफ्ते भी नहीं हुए हैं कि 1955 के हिन्दू विवाह अधिनियम में विवाह-विच्छेद की पुनर्व्याख्या करते हुए सर्वोच्च न्यायालय का एक फैसला आया है। जिस मुकदमे में यह फैसला सुनाया गया है उसमें एक हिन्दू पति अपनी पत्नी से तलाक चाह रहा था। तलाक की माँग का आधार था कि उन दोनों का वैवाहिक जीवन इस हद तक टूट चुका था कि उसके फिर से सँभल पाने की गुंजाइश तक नहीं बची थी।

इस मुकदमे में अपना निर्णय देते हुए न्यायमूर्ति मार्कण्डेय काटजू और न्यायमूर्ति वीएस सीरपुरकर ने कहा कि वैवाहिक जीवन का फिर से न सँभल पाने की हद तक बिगड़ जाना कोई आधार नहीं है तलाक का। हिन्दू विवाह अधिनियम की धारा 13 का उल्लेख करते हुए उन्होंने कहा कि क्रूरता, विवाहेतर यौन-सम्बन्ध, साथ छोड़ कर चले जाना इत्यादि जो आधार तलाक के इस धारा में प्रस्तावित हैं उनमें वैवाहिक सम्बन्ध का चरम सीमा तक टूट जाना शामिल नहीं है। उन्होंने माना कि उनके फैसले से पहले सर्वोच्च न्यायालय समेत देश के विभिन्न न्यायालयों ने पति-पत्नी के सम्बन्धों के इस हद तक बिगड़ जाने के कारण तलाक दिलवाए हैं। पर इन फैसलों को नजीर के तौर पर नहीं माना जा सकता।

उनका तर्क है कि न्यायालय कानून के मुताबिक फैसले करने के लिए है, कानून में संशोधन के लिए। धारा 13 में दिए गए कारणों में एक नया कारण जोड़ देना कानून का संशोधन है, जो कि केवल विधायिका कर सकती है। चाहे

सर्वोच्च न्यायालय का ही क्यों न हो, कोई भी फैसला जो कानून की हद से बाहर जाकर किया गया है, मिसाल नहीं माना जा सकता।

धारा 13 की सीमा में रहते हुए न्यायमूर्ति काटजू और न्यायमूर्ति सीरपुरकर ने अब स्थापित कर दिया है कि भले ही दो व्यक्तियों का आपस का दाम्पत्य जीवन पूरी तरह नष्ट हो गया हो, उनमें से कोई एक इस आधार पर तलाक की माँग नहीं कर सकता। और यह फैसला ऐसा है जिसे देश के हर न्यायालय को मानना पड़ेगा। तब तक जब तक सर्वोच्च न्यायालय में ही कभी यह निरस्त नहीं हो जाता या विधायिका हिन्दू विवाह अधिनियम में संशोधन नहीं कर देती।

कुछ विशेष या विषम परिस्थितियों में कानून का हस्तक्षेप अनिवार्य या निर्णायक हो सकता है। पर सामान्यतः लोगों के पारिवारिक-सामाजिक जीवन में कानून की वजह से कुछ ज्यादा अच्छा या बुरा नहीं होता। इतिहास ऐसा कुछ नहीं जताता कि 1955 से पहले वे हिन्दू जिनके लिए तलाक सम्भव ही नहीं था बहुत दमित और दुःखी थे। न ही यह कि 1955 के बाद तलाक के सम्भव हो जाने से आम हिन्दू स्त्री और पुरुष अधिक चैन से रहने लगे।

मुझे नहीं लगता कि सर्वोच्च न्यायालय के जिस फैसले की बात हो रही है उसकी वजह से आम हिन्दुओं के दाम्पत्य सुख-दुःख में कोई फेर-बदल होने जा रहा है। औरों को छोड़िए, वह पति भी, जिसकी तलाक पाने की उम्मीदों पर इस फैसले ने पानी फेर दिया, जरूरी नहीं कि बहुत त्रस्त महसूस कर रहा हो। चूँकि, अगर वाकई ऐसा चाहता है तो वह पत्नी से अलग रहना शुरू कर सकता है। उसके अलग होने पर सम्भव है उसकी पत्नी अपने दाम्पत्य अधिकार की बहाली के लिए फिर कचहरी पहुँच जाए। यह भी सम्भव है कि कचहरी पत्नी के पक्ष में ही फैसला करे। पर उस फैसले के बावजूद उसको पत्नी के साथ रहने के लिए कानूनन मजबूर नहीं किया जा सकेगा। बल्कि उस फैसले के बाद पत्नी से अलग रह कर वह तलाक की माँग कर सकेगा। और उस स्थिति में न्यायालय के सामने कोई विकल्प नहीं होगा सिवाय तलाक मंजूर करने के।

जरूरी नहीं कि वह व्यक्ति ऐसा ही करे। पर यदि करता है तो इस तरह शुरू की गई कानूनी प्रक्रिया की परिणति तलाक ही होगी। और यदि उसकी पत्नी उसके अलग होने पर कोई कानूनी कार्रवाई नहीं करती, तो तलाक मिले या न मिले वह अलग है ही।

कानून और अदालती फैसलों का कितना ही सीमित प्रभाव क्यों न पड़ता हो पारिवारिक-सामाजिक जीवन पर, हिन्दुओं में तलाक को लेकर दिए गए सर्वोच्च

न्यायालय के इस फैसले का बड़ा महत्त्व है। महत्त्व इसलिए कि यह समाज में पनप रही एक विशेष मानसिकता को दर्शाता है।

गौर करने की बात यह है कि 1955 का हिन्दू विवाह अधिनियम अपने पाठ में स्थिर है। पर उस पाठ को पढ़ने से उसमें ऐसी अस्थिरता आ सकती है कि उससे परस्पर विरोधी निष्कर्ष निकलने लगें। जैसा कि अभी हुआ है। ऐसा तो है नहीं कि पहले धारा 13 ओझल हो गई थी और अब फिर प्रकट हो गई है। मसला यह है कि उसको समझा और व्याख्यायित कैसे और किस हेतु किया जाए। रखमाबाई के मुकदमे में पहले अंग्रेज जज ने दाम्पत्य अधिकार की पुनःस्थापना के कानून में 'पुनः' पर जोर देते हुए कहा कि रखमाबाई और उसके पति के बीच मामला दाम्पत्य अधिकार की स्थापना का था—पुनःस्थापना का नहीं—और वह कानून को इस तरह व्याख्यायित नहीं करेगा कि रखमाबाई जैसी सुशील और सुसंस्कृत लड़की का अहित हो और विपक्ष को लाभ मिले।

वस्तुनिष्ठता और तटस्थता का दावा कितना भी किया जाए, जाने या अनजाने बड़े-बड़े अदालती फैसलों की प्रेरणा बड़े सूक्ष्म, और उस कारण प्रभावशाली, ढंग से विधि के परे से आती है। और उस प्रेरणा का स्रोत होता है स्वार्थों, मूल्यों, विचारों और सरोकारों के एक ऐसे पुंज में जिससे सतत प्रभावित और निर्धारित होते रहते भी हम उसे समझ नहीं पाते।

न्याय और कानून का आपसी सम्बन्ध हमें अक्सर परेशान करता है। जहाँ तक सम्भव हो विवेक कानून की उस व्याख्या की ओर प्रेरित करता है जो न्याय के ज्यादा नजदीक हो। कानून मात्र शब्दों में नहीं होता। शब्द अनेकार्थी होते हैं। धारा 13 में सीधे-सीधे शब्दों में जो नहीं कहा गया—जो प्रत्यक्ष रूप से अनुपस्थित है—वह इसी धारा में दिए गए कारणों और इसी अधिनियम की कतिपय अन्य धाराओं के निहितार्थ के रूप में उपस्थित है। पहले के फैसलों में वह परोक्ष उपस्थिति उपस्थित थी। इस नए फैसले में नहीं है।

विवाह जो समाप्त हो गया है और समाप्ति की कानूनी घोषणा के इन्तजार में है, उसे किस कानूनी औचित्य से जबरदस्ती अस्तित्व में रखा जा सकता है? क्या विवाह कानून के लिए कायम रखे जाते हैं? और जबरदस्ती बनाए रखे गए इस दाम्पत्य में कौन सा स्वर्ग—या नर्क—कानून देगा उनको जो एक साथ रहने के लिए मजबूर कर दिए गए हैं? क्या कानून इन्तजार करेगा कि इस नारकीय जीवन में रह कर पति या पत्नी या दोनों मानसिक सन्तुलन खो बैठें और फिर अदालत में जाकर धारा 13 में दिए गए एक कारण—

पागलपन—के आधार पर उस विवाह के विच्छेद की माँग करें जो पहले ही खत्म हो गया था?

सवा सौ साल पहले रखमाबाई ने नापसन्द की बात कर एक बड़े अधिकार का सूत्रपात किया था। लगता है हमें उस क्रान्तिकारी विचार की बौद्धिक समझ भी नहीं हो पा रही जिस पर वह अमल करने का साहस कर सकी। अपने संस्कारों की सारी सीमाओं के बावजूद।

समलैंगिक सम्बन्ध, समाज और कानून

नाज फाउंडेशन नामक स्वयंसेवी संस्था ने एक याचिका दायर कर दिल्ली उच्च न्यायालय से भारतीय दंड संहिता की धारा 377 को निरस्त करने का निवेदन किया है। सन् 1860 में अंग्रेजों द्वारा पूरे देश के लिए बनाई गई इस दंड संहिता–इंडियन पीनल कोड–की उक्त धारा के मुताबिक, चाहे वह आदमियों के बीच हों या औरतों के, समलैंगिक सम्बन्ध, अप्राकृतिक/अस्वाभाविक होते हैं, और उस कारण से दंडनीय अपराध भी।

जिस समय नाज फाउंडेशन ने यह याचिका दायर की उस वक्त भारत सरकार के दो मंत्रालय समलैंगिकता के सवाल पर एक दूसरे से विपरीत रवैया अख्तियार किए हुए थे। देश के स्वास्थ्य मंत्रालय का कहना था कि समलैंगिक सम्बन्धों को कानूनन मान लेना चाहिए। पर गृह मंत्रालय का दावा था कि हमारा समाज ऐसे सम्बन्धों को गलत मानता है। और इसलिए कानून जैसा है वैसा ही बनाए रखना चाहिए।

मंत्रालयों के आपसी मतभेद को ध्यान में रखते हुए दिल्ली उच्च न्यायालय ने कहा कि इस याचिका पर सुनवाई तब होगी जब भारत सरकार इस मसले पर अपनी स्थिति स्पष्ट निर्धारित कर लेगी। अभी हाल में यह भी हो गया है। सरकार ने तय किया है कि गृह मंत्रालय का मंतव्य सही है। यानी कि समलैंगिक सम्बन्ध अप्राकृतिक हैं और उनके लिए कानूनन सजा मिलनी चाहिए।

अब देखना है कि दिल्ली उच्च न्यायालय नाज फाउंडेशन की याचिका पर क्या फैसला देता है।

मैं उन लोगों में हूँ जो मानते हैं कि समाज को बदलने के लिए कानून और अदालती फैसलों पर बहुत ज्यादा निर्भर नहीं किया जा सकता। सही कानून और सही अदालती फैसलों से इच्छित सामाजिक बदलाव लाने में सिर्फ सहूलियत मिलती है। अगर समाज में रहनेवाले बड़ी संख्या में इच्छित बदलाव के खिलाफ हैं तो ज्यादा कुछ नहीं किया जा सकता। इसीलिए दकियानूसी लगनेवाली पुरानी

कहावत आज भी प्रासंगिक है कि कानून समाज के बीते कल की जरूरतें पूरी करते हैं। अगर समाज के ज्यादातर लोग इच्छित बदलाव को अनिच्छित मानें और सही कानून और सही अदालती फैसलों को गलत, तो जरूरी होगा लोगों के सोच को बदलना। मिसाल के तौर पर, बाल विवाह को दंडनीय अपराध बने अस्सी साल हो गए। पर मजाल है किसी प्रशासन की कि राजस्थान में हर साल खुलेआम होनेवाले सामूहिक बाल विवाहों को, दंडित करना तो दूर, रोक भी सके। अगर समाज में बाल विवाह तेजी से कम हुए हैं तो कानून के डर से नहीं, लोगों के सोच में बदलाव आने से।

न्यायिक निर्णयों की सीमित उपयोगिता के बावजूद दिल्ली उच्च न्यायालय का जो भी फैसला होता है समलैंगिकता से सम्बन्धित इस याचिका के बारे में उसका खासा महत्त्व होगा। पिछले दो-ढाई दशकों में हमारे यहाँ समलैंगिकता के अधिकार का दावा काफी खुल कर और सशक्त तरीके से किया जाता रहा है। यह उस समलैंगिकता से अलग है जो चोरी-छिपे न जाने कब से हमारे समाज में व्याप्त रही है। 'न जाने कब से' लिखते ही ध्यान आया कि तमाम लोग तपाक से कहेंगे कि कैसे इतिहासकार हो जो यह भी नहीं जानते कि हमारे देश में समलैंगिकता, और तमाम सामाजिक बुराइयों की तरह, मुसलमानों के कारण आई। हो सकता है इस बारे में कभी अलग से लिखूँ। अभी सिर्फ इतना कहूँगा कि समलैंगिकता न तो, अपने आप में, कोई बुराई है, और न ही हमने इसे मुसलमानों से सीखा।

अगर दिल्ली उच्च न्यायालय समलैंगिकता को अप्राकृतिक और दंडनीय माननेवाली धारा को निरस्त कर देता है तो एक बहुत अच्छी और महत्त्वपूर्ण शुरुआत होगी। चूँकि भले ही दिल्ली उच्च न्यायालय का फैसला पूरे देश में मान्य न हो, इसको नजीर के तौर पर इस्तेमाल किया जा सकेगा। पर अगर यह फैसला यथास्थिति को बनाए रखता है तो समलैंगिकता के समर्थकों को कानूनी स्तर पर अपनी लड़ाई फिर नए से शुरू करनी पड़ेगी।

बहरहाल, फैसला जो भी हो, समाज के स्तर पर समलैंगिकता को स्वीकार्य बनाने का काम करते ही रहना होगा।

इस मसले पर जब भी कोई विवाद छिड़ता है तो मुझे अचरज होता है कि समलैंगिकता को अप्राकृतिक या अस्वाभाविक मान लेने का आधार क्या है। इसी से जुड़ा एक बुनियाद सवाल भी उठता है : क्या किसी कर्म का अप्राकृतिक होना काफी है उसे दंडनीय अपराध बनाए जाने के लिए? किसी कर्म का प्राकृतिक या अप्राकृतिक होना–जिस हद तक इस तरह का निर्धारण सम्भव है–उसे अपराध

की श्रेणी में न तो लाता है और न ही उससे बाहर रखता है। हिंसा और वासना से जुड़े तमाम अपराधों को प्राकृतिक कृत्यों के रूप में देखा जा सकता है। दूसरी तरफ सभ्यता और संस्कृति का विकास उत्तरोत्तर हमें प्रकृति से दूर लाता आया है।

एक किस्सा बताना चाहूँगा। यह उस उस समय का बताया जाता है जब डॉ. जाकिर हुसैन गवर्नर भी नहीं बने थे। नई तालीम की योजना की वजह से वे एक शिक्षाविद के रूप में ख्याति पा चुके थे और जामिया मिल्लिया इस्लामिया के उप-कुलपति थे। एक दिन वे अपने दफ्तर में बैठे थे कि जामिया के अन्तर्गत चलनेवाले हाई स्कूल के एक शिक्षक महोदय बड़े ही उत्तेजित अन्दाज में दाखिल हुए और बताने लगे कि उनके एक साथी अध्यापक छात्रावास के लड़कों के साथ बुरा काम करते हैं। पूरी शिकायत बड़े धीरज से सुनने के बाद जाकिर साहब ने अपना मौन तोड़ा। कहा, 'भाई मुझे बताइए यह काम किसने नहीं किया। मैंने नहीं किया? आपने नहीं किया? किसने नहीं किया?' किस्सा खत्म इस तरह होता है कि जाकिर साहब ने सम्बन्धित अध्यापक को तुरन्त तलब किया और चेतावनी दी कि आइन्दा ऐसी हरकत नहीं होनी चाहिए।

मैं कह नहीं सकता कि किस्सा सच्चा है या मात्र रंगीन किंवदन्ती। जो भी हो, इसमें पूछा गया सवाल बेहद अहम है। स्त्रियों की बात इतने विश्वास से मैं नहीं कर सकता, पर आदमी काफी कम ही होंगे, जिनके सेक्सुअल विकास में समलैंगिकता का कोई प्रारम्भिक अनुभव न रहा हो। और कम ही ऐसे होंगे जिनमें इस अनुभव के कारण कोई विकृति आई हो। या जो अपने समलैंगिक अनुभव को विकृति के रूप में याद करते हों।

जिस अनुभव का फैलाव इतना व्यापक हो वह अप्राकृतिक या अस्वाभाविक किस आधार पर माना जाता है?

मेरी एक मित्र हैं। प्रखर बुद्धि और खुले दिमाग वाली। हैं भारतीय, पर अपने अध्यापकीय जीवन की शुरुआत से ही कई महाद्वीपों के श्रेष्ठ विश्वविद्यालयों से उनका नाता रहा है। जब उनका इकलौता बेटा बड़ा हो रहा था तो एक भय सताता रहता था उन्हें। कहती थीं : 'मैं अपने जीवन और विचारों में कितनी आज़ाद खयाल रही हूँ यह किसी से नहीं छिपा है। मैं अपने बेटे को भी उतना ही आज़ाद देखना चाहती हूँ। मुझे कोई फर्क नहीं पड़ता कि उसके सम्बन्ध किसी गोरी से होते हैं या काली से या हिन्दुस्तानी से। पर एक सम्भावना मुझे परेशान करती रहती है। क्या करूँगी मैं अगर वह किसी दिन अपने साथ किसी लड़के को ले आया और बोला कि मिलो मेरे बॉय फ्रेंड से?'

साथ ही वे यह भी मानती थीं कि भले ही ऐसी स्थिति को खुशी से न मान सकें वे, उनके पास कोई नैतिक या कोई और तर्क संगत कारण नहीं होगा अपने बेटे को समलैंगिक सम्बन्धों से रोकने का।

मेरी मित्र में यह सिरत थी कि अपनी बुद्धि को अपनी भावनाओं की कैद से बचाए रखें, और भावनाओं में बह कर सही को गलत न मान बैठें। पर समलैंगिकता के ज्यादातर विरोधी समझ ही नहीं पाते कि जिस मानव स्वभाव की वे दुहाई देते हैं वह उस सशक्त समाजीकरण की उपज है, जिसके प्रभाव में वे अपने ही जीवन के अनुभवों को भुला और झुठला देते हैं। इस तरह का समाजीकरण पारम्परिक विवाह-व्यवस्था और प्रजनन प्रणाली के लिए जरूरी था। अब दोनों में सेंध लग चुकी है। वह सेंध धीरे-धीरे चौड़ी होगी और उसके साथ दिमाग भी खुलेंगे।

फिलहाल हमारे यहाँ आलम यह है कि स्वास्थ्य मन्त्रालय भी दरअसल समलैंगिकता को सैद्धान्तिक समर्थन नहीं दे रहा। वह एड्स के प्रसार को रोकने के चक्कर में विवश होकर ऐसे हालात बनाना चाह रहा है कि समलैंगिक सम्बन्ध चोरी-छिपे चलने के बजाय सामने आ जाएँ।

जरूरत है उस तिरस्कार और घिन को मिटाने की जो समलैंगिकता को लेकर हमारे दिलों और दिमागों में घर किए हैं। औरों को तो छोड़िए, खुद समलैंगिक सम्बन्ध रखनेवालों में ज्यादा ऐसे हैं जो अपने आपको बुरा मानकर अपराधबोध से पीड़ित रहते हैं। जरूरत है उनको ऐसे अनावश्यक मानसिक त्रास से उबारने की। न कि उनको लांछित और प्रताड़ित करने की। समलिंगकामी भी हमारे जैसे सामान्य स्त्री-पुरुष होते हैं। विचित्र और विकृत नहीं।

एक और सोचने की बात है। समलैंगिकता के लिए किन्हें हम अपमानित, प्रताड़ित और दंडित करते हैं? मेरा मित्र और अन्तर्राष्ट्रीय ख्याति प्राप्त कलाकार भूपेन खख्खर बड़े आक्रोश से बताया था कि जब तक वह प्रसिद्ध नहीं हुआ था और कोशिश करता था कि उसके सम्बन्ध गोपनीय रहें, पता लग जाने पर बहुत फजीहत होती थी उसकी। पर जब नाम होने लगा उसका और वह धड़ल्ले से व्यक्त करने लगा अपनी समलैंगिकता, तो उस पर पहले थू-थू करनेवालों तक का अन्दाज बदल गया।

मेरे दोनों मित्रों के किस्से और जाकिर साहब के किस्से/किंवदन्ती तीनों का तकाजा है कि हम अपना ढोंग तज दें। देखना है दिल्ली उच्च न्यायालय क्या रुख अपनाता है।

राम की भर्त्सना

पिछले हफ्ते एक बड़े होनहार और चिन्तनशील युवक ने साम्प्रदायिकता की समस्या पर बात करते-करते सवाल उठाया कि धर्म की जरूरत ही क्या है। सवाल के पीछे धर्म और साम्प्रदायिकता के बीच एक निश्चित सम्बन्ध की ऐसी समझ थी जो अभी भी बहुतेरे धर्मनिरपेक्षियों के मन में गहरे जड़ें जमाए बैठी है। धर्म और साम्प्रदायिकता के आपसी सम्बन्ध और उस सम्बन्ध की अनिवार्यता या परिवर्तनशीलता पर काफी कुछ कहा जा चुका है और काफी कुछ कहा जाता रहेगा।

मैं सीधे-सीधे इस मसले पर कुछ नहीं कहूँगा। सिर्फ बताना चाहूँगा कि इस युवक के सवाल ने मुझे कालिदास के पास पहुँचा दिया। और उन दो व्यक्तियों तक जिन्होंने मुझे कालिदास की एक खास समझ दी।

बात 1989 की गर्मियों की है। कसौली स्थित सुन्दरम साहब के 'आइवी लॉज' नामक घर में नाट्य कर्मियों का एक शिविर चल रहा था। उसी समय वहाँ साम्प्रदायिकता की तेजी से खतरनाक हो रही समस्या पर विचार करने के लिए एक अनौपचारिक संगोष्ठी का भी आयोजन किया गया था। सौभाग्य से सुन्दरम साहब उस समय वहीं थे। ज्यादातर अपने कमरे में ही रहते थे। जब निकलते भी थे तो सकुचाए से, चिन्तित कि उनकी वजह से किसी कार्यक्रम में कोई खलल न पड़े।

केवीके सुन्दरम, आईसीएस, भूतपूर्व चुनाव आयुक्त, जिनका नाम मैंने अपने स्कूली दिनों से सुन रखा था, इस समय हमारे लगभग अदृश्य मेजबान थे। मुश्किल था उनसे बातचीत का सिलसिला शुरू करने की कोशिश न करना। सिलसिला एक बार शुरू हुआ तो चलता ही रहा। शाम को मैं सुन्दरम साहब के साथ बैठता। हम दोनों देर तक एक 'ड्रिंक' चलाते रहते और सुन्दरम साहब खूब अपने अनुभव सुनाते। पहली 'ड्रिंक' खतम होने पर मैं कहता, 'सुन्दरम साहब, एक और ले लीजिए।' वह कहते, 'मस्ट आई!' 'येस, यू मस्ट', कह कर मैं दूसरी 'ड्रिंक' तैयार

करता अपने दोनों के लिए। हमारी बातें चलती रहतीं। दूसरी 'ड्रिंक' के बाद सुन्दरम साहब मुस्करा कर अपनी उमर का हवाला देते और खाना खाकर सोने चले जाते।

जल्दी ही मुझे पता चल गया कि सुन्दरम साहब संस्कृत के विद्वान् और कालिदास के अंग्रेजी में अनुवादक हैं। एक दिन मैं उन्हें 19वीं सदी की एक विलक्षण भारतीय महिला के बारे में बता रहा था कि सुन्दरम साहब को रघुवंशम् का एक प्रकरण याद आ गया। जैसा कि संस्कृत के विद्वान् प्रायः करते हैं, उन्होंने पहले मुझे मूल श्लोक सुनाए। उसके बाद बारी से एक-एक श्लोक सुनाते हुए उसका अर्थ बताया। सुन्दरम साहब ने कुल छह श्लोक सुनाए जो रघुवंशम् के सीता-परित्याग से सम्बन्धित चौदहवें सर्ग से हैं।

राम को सीता के सम्बन्ध में फैल रहे प्रवाद की खबर मिलती है। वह सीता को त्यागने का फैसला कर लेते हैं। लक्ष्मण को आदेश दिया जाता है कि अपनी भाभी को तपोवन दिखाने के बहाने महल से ले जाएँ और वन में छोड़ कर आ जाएँ। वन में पहुँचने पर लक्ष्मण रुँधे गले से सीता को सच बताते हैं, और सीता सुनते ही मूर्च्छित हो जाती हैं। होश में आने पर वह लक्ष्मण से जो कहती हैं वही सुन्दरम साहब द्वारा सुनाए गए छह श्लोकों में वर्णित है।

पहले श्लोक में सीता कहती हैं, 'मेरी ओर से राजा से कहना कि उसने अपने सामने मुझे अग्नि में शुद्ध पाया था। लोगों में फैले प्रवाद को सुन कर अब वह जो मेरे साथ कर रहा है क्या उसके कुल को शोभा देता है?'

कालिदास के वर्णन के अनुसार लक्ष्मण ने सीता को वह दारुण सच बताते वक्त अपने आँसू रोक लिए थे। पर सुन्दरम साहब इस श्लोक को सुनाते-सुनाते विह्वल होकर रोने लगे। रोते-रोते ही उसकी व्याख्या की। बोले, 'राम को नहीं, पति को नहीं, लक्ष्मण की मारफत सन्देश भेजते हुए उनके भाई को नहीं, सीता सम्बोधित करती हैं उस राजा को जिसने सत्य और अपने कुल की मर्यादा को तज अपयश के डर से ऐसा भीषण अन्याय किया।' सीता यह भी कहती हैं कि अगर वह गर्भवती न होतीं तो आत्महत्या कर लेतीं।

बाकी चार श्लोकों में सीता का आक्रोश दबने लगता है और सारा प्रकरण समाप्त होता है सीता की इस इच्छा से कि अगले जनम में भी राम ही उनके पति हों।

केवल छह श्लोकों में, सुन्दरम साहब ने मुझे दिखाया, कालिदास ने एक स्त्री के मन को एक साथ मथनेवाले परस्पर विरोधी भावों को चित्रित कर दिया है। लांछित और अपमानित होने के बावजूद सीता राम को चाहती हैं और अपने साथ

हो रहे अन्याय को भुलाए बगैर, राम के धर्म संकट को भी समझ रही हैं। बगैर किसी लम्बे-चौड़े विश्लेषण का सहारा लिए, इतना कुछ सिर्फ छह श्लोकों में दिखा देना एक बहुत बड़े कलाकार के लिए ही सम्भव था।

पर एक सामान्य संवेदनशील पाठक के नाते सुन्दरम साहब पर जिस श्लोक का सबसे ज्यादा प्रभाव पड़ा वह था राजा के प्रति सीता के विस्फोट को व्यक्त करनेवाले श्लोक का। उसने उन्हें रुला भी दिया। इसी प्रसंग में वह यह बताना भी नहीं भूले कि ऋषि वाल्मीकि को भी राम के भद्दे आचरण पर जबरदस्त गुस्सा आया था।

उन्नीसवीं सदी की जिस महिला के बारे में सुन कर सुन्दरम साहब ने मुझे रघुवंशम् का यह प्रकरण सुनाया था उस पर मैं एक किताब लिखना चाह रहा था। उस असाधारण महिला के आचरण में कोई चीज थी जो मुझे परेशान कर रही थी और उसी परेशानी को समझने में मेरी मदद करने के लिए सुन्दरम् साहब ने दिखाया था कि कैसे सीता के मन में, राम से अपना सम्बन्ध तोड़ लेने से लेकर उन्हीं को अगले जनम में पति के रूप में पाने की इच्छा तक, एक साथ इतने विरोधी भाव स्वाभाविक ही घुमड़ने लगे।

सुन्दरम साहब से बात करते वक्त मैंने उस किताब पर काम शुरू ही किया था। काफी रिसर्च होनी बाकी थी। जब किताब लिखना शुरू हुआ तो सुन्दरम साहब संसार छोड़ चुके थे। पर जो प्रसंग उन्होंने मुझे बताया था वह जरूरी लगा किताब में शामिल करने के लिए। इत्तफाक से उसी बीच मुझे अपने माता-पिता के पास मैनपुरी जाना पड़ा। मुझे विश्वास हो गया कि मेरा काम बन जाएगा।

मेरे पिता उत्तर प्रदेश की न्यायिक सेवा से निवृत्त होने के बाद विविधत् संस्कृत के अध्ययन में लग गए थे। उन्होंने स्थानीय संस्कृत महाविद्यालय में दाखिला ले लिया था। व्याकरण में उनकी विशेष रुचि थी और अष्टाध्यायी में वह रम गए थे। संस्कृत में कविता भी लिखते थे।

सो पहले ही दिन रात के भोजन के बाद मैंने रघुवंशम् के सीता-परित्याग सर्ग की बात छेड़ दी। घर में बचपन से ही मैंने सीताराम चतुर्वेदी द्वारा सम्पादित कालिदास-ग्रन्थावली देखी थी जिसमें पिता ने जगह-जगह निशान लगा रखे थे और अपनी टिप्पणियाँ लिख रखी थीं। फिर भी जरूरी तो नहीं था कि सुन्दरम साहब की तरह मेरे पिता को भी सम्बन्धित श्लोक कंठस्थ हों। पता लगा कि थे। मेरे चुप होते ही पिता ने छहों श्लोक बोले और फिर विस्तार से उनका मर्म समझाया।

दूसरे दिन सुबह जब मैं उठा और माँ ने चाय दी तो बगल के कमरे से पिता मेरे पास आकर बैठ गए। बोले, 'बेटा, कल रात जो अर्थ मैंने तुम्हें बताया पहले श्लोक का वह लगता है पूरी तरह ठीक नहीं है। मैं रात देर तक उस पर सोचता रहा। ये जो सीता लक्ष्मण से कहती हैं कि 'राजा से कहना' तो वह कहना सामान्य कहना नहीं है। उस कहने में भर्त्सना का भाव जुड़ा हुआ है। कल भर्त्सना की यह ध्वनि मैं नहीं सुन पाया और तुमको सीता की बात का सही अर्थ नहीं समझा सका।' फिर उन्होंने एक शब्दकोश की ओर इशारा करके कहा कि लाकर उन्हें दूँ।

फिर गौर से उन्होंने 'वाच्य' के विभिन्न अर्थों को देखा। इसी क्रिया पद का प्रयोग कालिदास की सीता ने किया है। शब्दकोश देखने के बाद बोले, 'बेटा, है तो सीता के कहने में भर्त्सना का भाव। रात की मेरी परेशानी ठीक ही थी।'

पर अष्टाध्यायी में रम गए और शब्दों की क्षीण-से-क्षीण ध्वनि को सुनने के आदी मेरे पिता का सन्देह केवल शब्दकोश से शान्त होनेवाला नहीं था। मुझसे कहा, 'चलो बेटा कपड़े बदल दो। गुरुजी से भी पूछ लें।'

फटाफट स्कूटर पर सवार हो हम दोनों गुरुजी के घर पहुँच गए। गुरुजी वृद्ध थे, पर आयु उनकी मेरे पिता से कम थी। फिर भी शिष्य ने झुक कर गुरु के पैर छुए। बैठते ही मेरे पिता ने उन्हें बताया कि किस तरह उस श्लोक के गूढ़ार्थ को लेकर उनको रात में परेशानी हुई और अब उन्हें विश्वास होने लगा है कि सीता के कहने में राम के लिए भर्त्सना का भाव है। गुरुजी ने सारी बात ध्यान से सुनने के बाद कहा, 'मिश्रजी, वाच्य में जो ध्वनि आप सुन रहे हैं वह इसमें हो सकती है। पर वह ध्वनि इस श्लोक में नहीं है।' सन्देहशील शिष्य ने पूछा, 'इस श्लोक में क्यों नहीं, भगवन्?' उत्तर मिला, 'क्योंकि यह भगवान राम को सम्बोधित है।' 'पर यह तो कोई तर्क नहीं है', शिष्य अडिग था। इस बार उत्तर आया, 'देखिए मिश्रजी आप यदि यह ध्वनि सुनना चाहें तो अवश्य सुनें। मैं राम-भक्त हूँ और राम के सम्बन्ध में मैं भर्त्सना का भाव मान ही नहीं सकता।'

यहाँ से निकल कर पिता ने स्कूटर एक दूसरे गुरु के घर की ओर मोड़ दिया। यह एक तेजस्वी युवक थे। पिता ने उनके पैर छुए। फिर उन्होंने मेरे पिता के पैर छुए, आशीर्वाद पाया और हम तीनों बैठ गए बातचीत करने। एक बार फिर पिता ने सारा किस्सा बयान किया। इस गुरु का उत्तर छोटा और साफ था, 'चाचाजी, भर्त्सना निश्चित है सीता के कथन में।'

जिस वक्त का मैं जिक्र कर रहा हूँ उस वक्त सुन्दरम साहब और मेरे पिता दोनों ही अस्सी के ऊपर थे। दोनों ही हिन्दू संस्कृति में पले हुए। आस्तिक भी,

भले ही पूजा-पाठ के प्रति उदासीन रहे हों। पर राम-मर्यादा पुरुषोत्तम और भगवान राम!–के विरुद्ध और सीता के साथ सुन्दरम साहब रो सकते थे और मेरे पिता भर्त्सना पर इसरार कर सकते थे।

मैं उन गुरुजी को नहीं भूल रहा जिनका भक्ति-भाव उनको कुछ ध्वनियाँ सुनने ही नहीं देता था। पर जो और तीन हैं वह भी कुछ बताते हैं धर्म और धार्मिक प्रवृत्ति के बारे में।

स्वान्तः सुखाय

अक्सर मैं पढ़ते या लिखते वक्त अपने किसी प्रिय कलाकार का शास्त्रीय संगीत लगा लेता हूँ। वह मेरे कान में पड़ता रहता है और मैं अपना काम करता रहता हूँ। पर कभी-कभी ऐसा भी होता है कि कान में जाते-जाते, या न जाते-जाते, संगीत मेरा ध्यान पूरी तरह से अपनी ओर खींच लेता है। काम छूट जाता है और संगीत बहा ले जाने लगता है।

अभी दो या तीन दिन पहले कुछ ऐसा ही हुआ। पंडित भीमसेन जोशी के भीमपलासी की एक लम्बी प्राइवेट रिकॉर्डिंग है हमारे यहाँ। तीसरा पहर था। बहुत दिनों से सुना नहीं था उसे। सो उसी को लगा कर कुछ पढ़ रहा था। धीरे-धीरे मेरा ध्यान किताब से भीमपलासी पर जाने लगा और थोड़ी ही देर में किताब मेज पर चली गई।

जब मैं पढ़ना छोड़कर संगीत में डूबने लगा और देखने लगा कि इस भीमपलासी की अदायगी में पंडित भीमसेन जोशी ने अपनी सामान्य खयाल गायन शैली में एक बड़ा ही मोहक परिवर्तन कर स्थायी और अन्तरा को अविभाज्य कर दिया है, एक और विचार प्रक्रिया मेरे मन में शुरू हो गई।

क्या है भीमसेन के गायन में जो इस तरह बाँध लेता है हमें? किसके लिए गाते हैं वे? कैसा लम्बा संघर्ष रहा है उनका और कैसी विराट साधना? कितने लम्बे अरसे तक वे अपने गुरु और गुरु के गुरु की मानिन्द आवाज दबा कर गाते रहे। क्यों? और फिर क्या हुआ कि कंठ उन्मुक्त हो गया? महादुस्साहसी कंठ जो जब चाहे, एक ही पल में, गर्जन भी कर सकता था और कोमल मन्द कलरव भी। सौभाग्यशाली है हिन्दुस्तानी शास्त्रीय संगीत कि उस्ताद अब्दुल करीम ख़ाँ और पंडित सवाई गन्धर्व के महान वारिस भीमसेन ने स्वतन्त्र कर दिया अपने अद्‌भुत कंठ को। गाने लगे अपनी तरह। अपने लिए।

इसी विचार प्रक्रिया के चलते 1980 या उसके कुछ बाद की एक शाम याद आ गई। जवाहरलाल नेहरू विश्वविद्यालय, दिल्ली, के एक बड़े कमरे में पंडित

भीमसेन जोशी का गायन हो रहा था। कमरा खचाखच भरा हुआ था। पंडित जी जहाँ बैठे गा रहे थे उसकी बाईं तरफ एक बड़ी मेज थी। उस पर लड़के-लड़कियाँ बैठे हुए थे। अचानक बड़ी जोर का धमाका हुआ। देखा तो मेज उस भारी बोझ से लड़खड़ा कर टूट गई थी। कुछेक को थोड़ी-बहुत चोट भी लगी। शायद ही कोई रहा हो उस कमरे में जिसका ध्यान इस धमाके की तरफ न गया हो। पर भीमसेन जोशी के गायन में एक क्षण के लिए भी विघ्न नहीं पड़ा। उनकी तानें यथावत् चलती रहीं।

इस शाम की याद ने एक और शाम की याद दिला दी। 1990 के आसपास की सूरत की एक शाम। गंगूबाई हंगल का गायन। दिन में सौभाग्य से बड़ी देर तक उनके पास बैठने का मौका मिल गया था। कैसे सौहार्द और स्नेह से बातें करती रही थीं। बार-बार कहने पर भी कि शाम को गाना है, अच्छा है थोड़ा आराम कर लें, नहीं मानीं। ढेर सारी बातें बताई थीं अपनी, भीमसेन जोशी की, अपने गुरु सवाई गन्धर्व की, और बोली थीं बड़े दुख के साथ आडवाणी की रथयात्रा के कारण मुसलमानों के विरुद्ध हुई हिंसा पर।

बड़ा ही सुन्दर गायन हुआ उस शाम। गायन के तुरन्त बाद भोजन के लिए जाना था। हॉल से निकल ही रहे थे कि गंगूबाई ने मुझसे पूछा : "कैसा रहा?" मैं तो अभिभूत था ही। सो खुल कर—पर सहमते हुए भी कि गंगूबाई से बात कर रहा हूँ—कहा कि बड़ा ही आनन्द आया। इसी के साथ, प्रशंसा के ही भाव में, यह भी कह बैठा कि मन पूरी तरह तृप्त नहीं हुआ, इच्छा रही और सुनने की।

मेरा इतना कहना था कि गंगूबाई रुक गईं चलते-चलते। सुन्दर साड़ी में सजी-धजी छोटी-सी गंगूबाई। अपने पेट के नीचे का हिस्सा दाहिने हाथ से पकड़ते हुए बोली : "यहाँ दर्द होने लगता है।"

उस शाम गंगूबाई स्पिकमैके के तत्त्वावधान में गा रही थीं। विद्यार्थियों के लिए। बड़ा पैसा नहीं मिलनेवाला था इस कार्यक्रम के लिए। पर सर्वोत्तम से कम गाना मंजूर नहीं था उन्हें। भले ही पेट में दर्द होने लगे वैसे गाने से।

और इसी के साथ याद आ गई और शाम। वह आखिरी बार था जब मैंने पंडित मल्लिकार्जुन को सुना। उसके कुछ ही महीनों बाद वे हमें छोड़ कर चले गए। कैंसर के मरीज थे। खून की उल्टियाँ होने लगी थीं। उनके सुपुत्र डॉ. राजशेखर मंसूर भी नहीं थे उस दिन गायन में संगत करने के लिए।

मैंने पहली बार मल्लिकार्जुन को 1958 में सुना था। उस समय उनकी तानें

किसी प्रपात की नाईं अविराम—शब्दशः अविराम—एक-दूसरे का पीछा करती आती ही रहती थीं। साँस लेने के लिए भी वे नहीं रुकते थे। पारम्परिक सौन्दर्यबोध का पूर्ण तिरस्कार कर एक गायन शैली विकसित कर ली थी उन्होंने, जिसमें तानों के बीच में ही साँस ले लेते थे वे, साँस लेने की संगीतेतर ध्वनि भी सुनाते हुए श्रोताओं को। पर बाद में उन्होंने इस प्रपाती शैली में खासी रद्दोबदल कर दी थी।

तो उस शाम मल्लिकार्जुन का गायन प्रारम्भ होने से पहले मैं तैयार था एक अपेक्षाकृत अनुग्र गायन के लिए। पर पहली तान—मल्लिकार्जुन तो शुरू ही तान से करते थे—ने ही जता दिया कि सच्चे कलाकार रियायत कर ही नहीं पाते कला के मामले में। न अपने साथ और न सुननेवालों के साथ। और जैसे-जैसे मल्लिकार्जुन गाते गए उस शाम अपनी स्वाभाविक ऊर्जा के साथ, सब सुननेवाले मन्त्रमुग्ध सुनते रहे, घबराते रहे कहीं कुछ हो न जाए पंडित जी को।

थोड़े ही दिन बाद पंडित जी चले गए। जाने से पहले, जब बीमारी चरम पर थी, वे अपने आराध्य देव शिव के मन्दिर गए, भजन गाए मन्दिर में, और लौट आए रोग-शैय्या पर।

घर में रियाज हो, आराध्य देव की मन्दिर में अर्चना हो या पैसा लेकर दूसरों के मनोरंजनार्थ गाना हो, मल्लिकार्जुन जैसे कलाकार एक ही तरह गाना-बजाना जानते हैं। अगर उसका कोई वर्णन हो सकता है तो वह है स्वान्तः सुखाय।

उस्ताद अली अकबर ख़ाँ, सुना है, कहते हैं कि थोड़ी देर तो वे सरोद बजाते हैं और फिर सरोद उन्हें बजाने लगता है।

भीमसेन जोशी का भीमपलासी उस दिन मुझे बहुत घुमाता रहा, बहुत कुछ याद दिलाता रहा। बहुत कुछ जो आह्लादकारी था। पर बहुत कुछ ऐसा भी याद दिलाया उसने जो आह्लादकारी नहीं है।

मैं कतई यह नहीं कह रहा कि सारे पहुँचे हुए कलाकार सदा ही स्वान्तः सुखाय रचना कर्म करते हैं। वह भी प्रायः राग-द्वेष, लोभादि के पचड़ों में पड़ जाते हैं। पर जब और जहाँ व्यक्ति और उसके रचना कर्म में उस चालक शक्ति के दर्शन हो जाते हैं, जिसके कुछ उदाहरण यहाँ मैंने दिए हैं, तो मन आह्लादित होते-होते एक अजीब उदासी—अवसाद—में डूबने लगता है।

अवसाद यह कि मैं—शायद यह अकेला मेरा मैं नहीं है दुर्भाग्यवश—हर समय हर काम न सही, कम-से-कम उस काम को क्यों नहीं स्वान्तः सुखाय वाले भाव से कर पाता हूँ जो मेरा अपना है। अगर पढ़ना, लिखना और समय-समय पर

बोलना मेरा 'पेशेवर' काम है तो क्यों नहीं मैं उसमें पूरी तरह रम जाता? क्यों मुझे वाहवाही की इच्छा होती है? क्यों मैं जगह-जगह बुलाया जाना चाहता हूँ। क्यों वाद-विवाद के समय सच तक पहुँचने की कोशिश के बजाय मेरी कोशिश रहती है अपनी बात को सच सिद्ध करने की?

क्यों हम अपने आपको उस सुख से वंचित किए रहते हैं, जिस सुख से कोई दूसरा हमें वंचित नहीं कर सकता?

तर्क का कपट तन्त्र

वैसे तो झूठ, बेईमानी, दगाबाजी वगैरह की वजह से संकट में कोई फँसता नहीं हमारे यहाँ, पर खुदा-न-खास्ता कोई परेशानी उठ ही खड़ी हो तो दो अचूक तर्क हमेशा तैयार रहते हैं। एक, "इस वक्त बड़ा शोर कर रहे हैं भाई लोग, जब फलां घपला हुआ था तो क्या हो गया था?" दूसरा, "इसमें क्या है? उनको देखिए, उन्होंने क्या किया था?"

सोचा जा सकता है कि इन तर्कों का स्वयं सिद्ध कुतर्क इतना स्पष्ट है कि शायद ही कोई इनके झाँसे में आता हो। पर हमारे सार्वजनिक जीवन में तो कुछ और ही होता दिखाई पड़ता है। दिल और दिमाग का कौन-सा सामूहिक दिवालियापन इन कुतर्कों को अचूक और असरदार बना रहा है?

बौद्धिक विवेक और नैतिक बोध की बढ़ती गिरावट का एक और आयाम खुला है हाल में। पुनर्गठित यूपीए के सहारे मनमोहन सिंह की सरकार को मिले विश्वास मत के फलस्वरूप उभरे विवाद के दौरान। साफ-साफ घोषणा करने के बाद कि लोकसभा अध्यक्ष के पद को राजनीतिक दलदल में घसीटने का उनका कतई इरादा नहीं है, मार्क्सवादी कम्युनिस्ट पार्टी ने अनुशासनहीनता का दोषारोपण करके सोमनाथ चटर्जी को पार्टी से निकाल दिया। अपने फैसले के पक्ष में माकपा ने जो तर्क दिए उनमें एक था : देखो कैसे मनोहर जोशी और शिवराज पाटील ने लोकसभा अध्यक्ष का दायित्व निभाते समय अपनी पार्टी के हित और आदेश का ध्यान रखा था, और सोमनाथ चटर्जी ने इन मिसालों को अनदेखा कर दिया।

अब तक तर्क होता था : "माना कि मैंने गलत किया, पर दूसरे भी तो वैसा ही करते हैं।" अब तर्क है : "देखो, उन्होंने गलत किया, तुमने क्यों नहीं वैसा किया?"

दूसरों का गलत काम अब मुझे अधिकार देगा कि तुम्हें विवश करूँ गलत काम करने को। तुम्हारा कर्तव्य होगा कि मेरा अधिकार मान कर गलत काम करो।

यह नया तर्क–या पुराने कुतर्क का और अधिक विकृत रूप–पराकाष्ठा है दिल और दिमाग के दिवालियेपन की। चाहे इसका असर हो या न हो, ऐसे तर्क का दिया जाना ही अपने को समझदार माननेवाले किसी भी समाज के लिए चिन्ता की बात है।

तर्क-वितर्क के ये खेल खासे खुले हैं। पारदर्शी और भोंडे। फिर भी खासे कारगर। गवाह हमारी गिरावट के।

पर तर्क का कपट सबसे घातक अपने लुके-छिपे, प्रच्छन्न खेलों में होता है। इसकी एक मिसाल सोमनाथ चटर्जी से ही सम्बन्धित हाल के विवाद में मिलती है। जब उनकी पार्टी हर चन्द कोशिश कर रही थी कि वे लोकसभा अध्यक्ष का पद छोड़ दें और सरकार के विश्वास प्रस्ताव के खिलाफ वोट दें, सोमनाथ चटर्जी ने ऐसा न करने के पक्ष में एक दलील यह दी कि वे भारतीय जनता पार्टी के साथ होकर मत देने को तैयार नहीं हैं।

धर्मनिरपेक्ष लोकतान्त्रिक राजनीति के व्यापक परिप्रेक्ष्य में इस दलील का महत्त्व हो सकता है। लेकिन लोकसभा अध्यक्ष की तटस्थता के उस आदर्श से इसका मेल नहीं बैठता, जिसकी बिना पर सोमनाथ चटर्जी अपनी पार्टी के अनुशासन से ऊपर मान रहे थे अपने आपको। मनोहर जोशी और शिवराज पाटील के बरक्स अगर वह लोकसभा अध्यक्ष को पार्टियों की उठापटक से ऊपर बनाए रख कर उस पद की संवैधानिक मर्यादा स्थापित करना चाह रहे थे, तो किसी पार्टी विशेष के विरुद्ध ऐसा स्पष्ट पूर्वग्रह कैसे व्यक्त कर सके वे उस संवैधानिक विवाद के सन्दर्भ में?

वह सारा विवाद लोकसभा अध्यक्ष के संवैधानिक दायित्व को लेकर था, न कि एक अच्छे कम्युनिस्ट की सही रणनीति को लेकर। अगर विश्वास प्रस्ताव पर दोनों पक्षों को बराबर मत मिलते तो सोमनाथ चटर्जी अपना संवैधानिक दायित्व निभाते हुए अपने राजनीतिक विवेक के अनुसार लोकसभा अध्यक्ष का निर्णायक मत दे सकते थे। पर पार्टी को लिखे अपने पत्र में जो कुछ उन्होंने भारतीय जनता पार्टी को लेकर कहा वह, तत्कालीन परिस्थितियों में, लोकसभा अध्यक्ष की गरिमा को गिरानेवाली बात थी।

लगता नहीं कि इस विसंगति के कारण स्वयं सोमनाथ चटर्जी को अपने आचरण की नैतिकता के बारे में कोई शुबहा हुआ हो। न ही लोगों में इसके कारण कोई तीखी प्रतिक्रिया हुई है। छुटपुट टिप्पणियों को छोड़ कर।

स्वस्थ प्रजातान्त्रिक परम्परा के विकास में सोमनाथ चटर्जी ने बहुत बड़ा काम किया है। बड़ा साहस दिखाया है। जल्दी ही, निकट भविष्य में, उनके साहस का

सही आकलन हो जाएगा जब आनेवाले लोकसभा अध्यक्ष—बुरा लगता है सोचते हुए—मनोहर जोशी और शिवराज पाटील को अपना आदर्श मानेंगे, सोमनाथ चटर्जी को नहीं।

फिर भी, इस बड़े आदर्श में जो खोट—तार्किक-नैतिक विसंगति—रह गई है वह चिन्तनीय है। उतना ही चिन्तनीय है उसको लेकर किसी परेशानी, किसी बड़ी बहस, का न उठना।

यहाँ आता है गहरे पैठा वह कपट जो दूसरे को तो भ्रमित करता ही है, आपको खुद को भी धता बता देता है। बड़ा सुखद और सुविधाजनक होता है इस कपट का भ्रम। जिस समय आप गिर रहे होते हैं उस समय पहले से ज्यादा पक्की होने लगती है आपकी नैतिक आत्म-छवि। आप जो करें सो नैतिक हो जाता है।

सोमनाथ चटर्जी ने जिस तरह लोकसभा अध्यक्ष के पद को परिभाषित किया और तदनुरूप व्यवहार किया वह निस्सन्देह स्तुत्य है। वैसे ही, अपने आप में, स्तुत्य है भारतीय जनता पार्टी के साथ न खड़े होने का उनका संकल्प। अलग-अलग देखे जाने पर दोनों ही स्तुत्य। उनके—विशेष रूप से हमारे समय में—विचार और कर्म के साहस का परिचायक। असल चीज़ है आपका अपनी नैतिकता में विश्वास। और क्या कहने अगर दूसरे भी ऐसा ही विश्वास रखते हों आपके बारे में! अपने हर फैसले और हर कृत्य के समय आप आश्वस्त होंगे और आपमें विश्वास रखनेवाले दूसरे जन, कि आपने कुछ गलत नहीं किया। जरूरत ही नहीं रहेगी तब विभिन्न फैसलों और कृत्यों को एक-दूसरे से मिला कर देखने की।

कोई संशय ही नहीं रहेगा अपनी नैतिकता को लेकर। अपनी नैतिकता, मतलब अपनी निजी नैतिकता और जिन्हें आदर्श माना है उनकी नैतिकता, जैसे कोई रहनुमा, या अपना धर्म, अपना राष्ट्र।

निजी जीवन की ही तरह, और उसके मुकाबले ज्यादा तेजी से शायद, अपने सार्वजनिक जीवन में भी हमारा नैतिक बोध निरन्तर कुन्द होता जा रहा है। चूँकि अपनी अनैतिकता का बोझ ढोना आसान नहीं होता, हम ऐसे उपाय कर लेते हैं कि अपनी अनैतिकता दूसरों पर थोप दें। जब दूसरे ज्यादा अनैतिक दीखने लगें तो अपनी थोड़ी-बहुत अनैतिकता सह्य हो जाती है। क्षम्य भी कुछ हद तक।

दूसरों की अनैतिकता से हम प्रायः बाध्य भी हो जाते हैं किसी वांछनीय साध्य की खातिर थोड़ी-बहुत अनैतिकता करने के लिए। साध्य का दम्भ

काफी होता है सारी गन्दगी भुला कर अपनी चमचमाती आत्म-छवि बरकरार रखने के लिए।

एक और विचित्र अन्धापन इससे भी बड़े पैमाने पर यही काम कराता है। इस अन्धेपन का प्रकोप पढ़े-लिखों में सबसे ज्यादा पाया जाता है। इसमें सामान्य, और इसलिए मान्य, वह है जो हम खुद करते और सोचते हैं। यह एक ऐसी आधारभूत मान्यता है जिसको शब्दों में व्यक्त करना तो दूर, खुद को आभास तक नहीं होता इसका।

यह लिखते-लिखते मुझे याद आ गई एक प्रतिष्ठित व्यक्ति की। अपने समाज में बड़ा नाम था उनका। एक मध्यम श्रेणी की सरकारी नौकरी में रह कर अपार धन अर्जित किया था उन्होंने और इसी के बल पर सामाजिक प्रतिष्ठा पाने में सफल हुए थे। दान-पुण्य में बहुतों से आगे थे। एक बार किसी व्यक्ति का जिक्र आ गया तो बेसाख्ता बोल गए : "बात मत करो उसकी। अठन्नी की बेईमानी करता है वह आदमी!" लाखों का हेरफेर जायज, अठन्नी की बेईमानी घटिया।

यह उदाहरण नाटकीय और असामान्य लग सकता है। दरअसल, इसकी नाटकीयता ही उजागर करती है अन्दर का वह विकार, जिसको हम महसूस भी नहीं कर पाते। मसलन, हम जब अपने से बेहतर आर्थिक स्थिति के लोगों की जीवनशैली की आलोचना करते समय गरीबों को याद कर कहने लगते हैं कि न जाने कितने भूखे पेट भर सकते हैं अगर ये सम्पन्न जन अपने अनावश्यक व्यय का एक हिस्सा गरीबों के लिए अलग कर दें, तो क्या हमें कभी यह खटका होता है कि हमारी कार साफ करनेवाला लड़का और हमारे घर में झाड़ू-पोंछा करनेवाली बहन हमारे बारे में बिलकुल ऐसा ही सोचते होंगे।

एक बार यह खटका हो जाए तो अपने ही तर्क का कपट धीरे-धीरे खुलने लगता है। नैतिकता का कोई और सन्तोषजनक आधार मिले या न मिले, सुविधा की नैतिकता की असलियत खुलने लगती है। फैसले पहले से कठिन हो जाते हैं। फैसलों के औचित्य भी।

प्रजातन्त्र में प्रभुता का मद

पिछले महीने मुम्बई में हुए आतंकवादी तांडव के दौरान बरबस मुझे 1789 की ऐतिहासिक फ्रांसीसी क्रान्ति की याद आ गई। इस क्रान्ति के कारणों का जब भी जिक्र होता है तो उस वक्त राजा और प्रजा के बीच जो जबरदस्त दूरी आ गई थी उसकी चर्चा जरूर होती है। और इस चर्चा के दौरान अनिवार्यतः एक कहानी को दुहराया जाता है। कहा जाता है कि बताए जाने पर कि गरीब फ्रांसीसी जनता को रोटी तक नहीं मिलती थी खाने के लिए, तत्कालीन महारानी, परम सुन्दरी मारी आंत्वानैत, ने निहायत मासूमियत से अपनी हैरानी जताते हुए कहा था : "तो लोग केक क्यों नहीं खाते?"

इसका कोई पुख्ता ऐतिहासिक प्रमाण नहीं है कि उस भोली महारानी ने वाकई ऐसी बात कही थी। पर किस्सा ऐसा सटीक बैठा कि आज तक उस पर लोगों का यकीन बना हुआ है। कुछ किस्से, चाहे वे सच हों या न हों, सच को ऐसे उजागर करते हैं कि उन पर अविश्वास करने का आधार ही मिट जाता है।

मारी आंत्वानैत ने रोटी के अभाव में केक खाने का प्रस्ताव दिया हो या न दिया हो अपनी जनता को, जिस स्थिति की तरफ इशारा करता है यह किस्सा, उस स्थिति ने फ्रांस में क्रान्ति करवा दी। बेचारी मारी आंत्वानैत को गिलोटिन कर मौत के घाट उतार दिया गया मय उसके पति के।

मासूम मारी आंत्वानैत ने हो सकता है सिरे से ही ऐसा कुछ न कहा हो। हो सकता है कि उसने कहा कुछ हो और उसके कहे को तोड़-मरोड़ कर यह रूप दे दिया गया हो। पर मुम्बई में आतंकवादी हमलों के दौरान जिसे सुन या देख कर फ्रांसीसी क्रान्ति की याद मन में कौंध गई, वह वाकई सुनाई और दिखाई दिया।

महाराष्ट्र के तत्कालीन गृहमंत्री आरआर पाटील ने कहा कि मुम्बई जैसे विशाल नगर में ऐसी छोटी-मोटी घटनाएँ तो हो ही जाती हैं। यह लिखते हुए मैं स्पष्ट कर दूँ कि मैं याद से पाटील महोदय के बयान का हवाल दे रहा हूँ। शब्दशः उस बयान को उद्धृत नहीं कर रहा। सम्भव है उस बात को जिस तरह याद करके

मैं यहाँ कह रहा हूँ उसमें वजन का थोड़ा हेरफेर आ गया हो। पर इतना तो मैं कह ही सकता हूँ कि उनके बयान को यहाँ याद करते समय मैं अर्थ का अनर्थ नहीं कर रहा।

मैं यह भी बता दूँ कि अखबार में पाटील के इस बयान के बारे में पढ़ कर मुझे विश्वास नहीं हुआ कि वास्तव में उन्होंने ऐसा ही कुछ कहा होगा। सन्देह हुआ कि अखबारवालों ने अपनी तरफ से नमक-मिर्च लगा कर कुछ का कुछ कर दिया है। पर जब टीवी पर उनके बयान की रिकॉर्डिंग देखी तो सन्देह की गुंजाइश ही नहीं रही।

और तभी मारी आंत्वानैत की याद आ गई। साथ ही याद आ गए गोस्वामी तुलसीदास : ''प्रभुता पाइ काहि मद नाहीं।''

छोटे मियाँ–गृहमंत्री–ऐसे निकले, तो बड़े मियाँ–मुख्यमंत्री–को थोड़ा आगे जाकर कुछ और विशेष तो करना ही था। सो विलासराव देशमुख अपने अभिनेता पुत्र के साथ फिल्म निर्माता राम गोपाल वर्मा को ताज होटल का मुआयना कराने ले गए।

ऐसे संकट के समय ऐसी संवेदनशून्यता अपने आप में परेशान करनेवाली है। पर उससे भी ज्यादा हैरतअंगेज है लोगों में हुई तीखी प्रतिक्रिया के प्रति मदान्ध नेताओं की लापरवाही। आरआर पाटील और विलासराव देशमुख दोनों ही बजिद थे कि उन्होंने जो कहा या किया वह सही था।

जिनको दूर दिल्ली में बैठ कर समझ में भी आया, राजनीतिक नुकसान के डर से, कि जो कुछ कहा गया और जो कुछ किया गया वह अनुचित था, वे भी बच कर बोले। कांग्रेसी प्रवक्ता अभिषेक मनु सिंघवी ने पत्रकारों से बात करते हुए कहा कि आरआर पाटील की मंशा नहीं रही होगी ऐसा कुछ भी कहने की। पर अगर ऐसा कुछ हो तो उस वक्तव्य की निन्दा होनी चाहिए।

सारा देश सुनता है एक वक्तव्य। और उसको लेकर की जाती है अगर-मगर। ऐसा था नहीं, ऐसा हो नहीं सकता था, पर अगर ऐसा हुआ तो निन्दनीय है।

बात यहीं नहीं थमती। अन्दर ही अन्दर सारी जोड़-तोड़ के विफल होने के बाद आरआर पाटील इस्तीफा देते हैं अपने पद से। और कहते हैं कि वह अपनी अन्तरात्मा से प्रेरित होकर अपने पद का त्याग कर रहे हैं। बचपन से हम सब नहीं सुनते आए हैं ''मजबूरी का नाम महात्मा गांधी?''

क्या हो रहा है हमारे प्रजातन्त्र में? एक तरफ तो लोग अपने वोट की शक्ति का बार-बार प्रदर्शन कर बड़े से बड़े नेताओं और उनकी पार्टियों का मद मिट्टी में मिलाते रहे हैं, और दूसरी तरफ नेताओं और प्रजा की दूरियाँ बढ़ती जा रही

हैं। वे सत्ता में हों या सत्ता के बाहर, नेताओं के तेवर और व्यवहार में कोई खास फर्क नजर नहीं आता।

मुम्बई में हुए आतंकवादी हमलों के ही दौरान मद और संवेदनशून्यता का भद्दा और अनावश्यक प्रदर्शन केवल सत्ताधारी कांग्रेसी नेताओं ने ही नहीं किया। भाजपा के प्रवक्ता मुख्तार अब्बास नकवी ने दिखा दिया कि वे किसी से कम नहीं हैं। क्या कोई समझ पाया है कि लिपस्टिक लगानेवाली महिलाओं की देशभक्ति पर शक करने की जरूरत नकवी साहब को क्यों हुई?

कोई भी राष्ट्रीय संकट लोगों को एक भी करता है और उन्हें बाँटता भी है। मुम्बई जिस राष्ट्रीय संकट का द्योतक है उस संकट ने भी दोनों ही काम किए हैं। वैसे जितना एका इसके कारण होना चाहिए था उससे कम ही हुआ, और लोग उसको लेकर क्षुब्ध भी हैं अपने नेताओं से। मसलन, जिस तरह दिल्ली, राजस्थान, मध्यप्रदेश आदि के चुनावों को ध्यान में रख कर आतंकवाद का राजनीतिक दुरुपयोग किया गया, बजाय एक साथ खड़े होने के, उससे लोग रुष्ट हैं। और समझ रहे हैं कि इस मामले में कोई भी पार्टी दूध की धुली नहीं है। सब सिद्धान्त की दुहाई देते हैं और संकट का राजनीतिक फायदा उठाने में कोई संकोच नहीं बरतते।

कितनी भी हानिकारक क्यों न हो, यह स्थिति हमारी वर्तमान परिस्थितियों में कमोबेश बनी रहनेवाली है। इसकी चिन्ता करते रहना है और इसके लिए तैयार भी रहना है। चूँकि जिन परिस्थितियों के कारण ऐसा होता है वे अचानक बदलनेवाली नहीं।

पर राष्ट्रीय संकट के दौरान जो बँटना बेवजह होता है–वैसे तो जो कुछ भी होता है उसकी कोई वजह तो होती ही है–उसको रोकना तो बहुत मुश्किल नहीं होना चाहिए। खासतौर से इसलिए कि इस तरह का बँटना उनके भी हित में नहीं होता जो नाहक की इस बाँट को पैदा कर देते हैं। मुख्तार अब्बास नकवी और उनकी पार्टी को जो नुकसान हुआ है उनके गैरजरूरी वक्तव्य से वह खासा अनिश्चित हो सकता है। पर उससे उनको या उनकी पार्टी को कोई फायदा हुआ हो ऐसा मानना मुमकिन नहीं लगता। आरआर पाटील और विलासराव देशमुख ने जो नुकसान बैठे-ठाले कर दिया उससे उनकी आत्मा तो अछूती रही होगी, पर उनकी अक्ल उन्हें किस कदर कोस रही होगी उसके लिए, यह कोई भी समझ सकता है। विनाश काल की विपरीत बुद्धि ऐसी ही होती होगी।

जब लिखने बैठा था तो अपने प्रजातन्त्र में उभर कर आए नए राजे-महाराजों का ध्यान था मन में, कि कैसे अपनी प्रभुता के मद में वे अपनी ही कब्र खोदने पर आमादा हो जाते थे। पर अब जब बात विपरीत बुद्धि पर आ गई तो इस संकट से उपजे उस एके का जिक्र भी जरूरी हो जाता है, जिसमें नेता और प्रजा दोनों ही अन्धे होकर विवेक को ताक पर धर बैठे हैं।

सही या गलत—मुझसे पूछें तो गलत—हमारी सरकार ने फैसला सुना दिया है कि अगले महीने होनेवाला भारतीय क्रिकेट टीम का पाकिस्तान दौरा रद्द कर दिया जाए। सरकार कोई फैसला कर सके उससे पहले ही हमारे खेलमंत्री ने एक धुआँधार बयान दे दिया। उन्होंने कहा कि हमारे यहाँ पाकिस्तान से एक टीम आई और उसने हमारे लोगों को मार डाला। इसके बाद हमारी टीम क्रिकेट खेलने के लिए पाकिस्तान नहीं जा सकती।

खेलमंत्री के बयान में 'टीम' शब्द का इस्तेमाल जानबूझ कर किया गया है लोगों में उन्माद पैदा करने या बढ़ाने के लिए। उनके भावार्थ को पूरी तरह उजागर किया हमारी प्रमुख टीवी चैनलों ने। ''हत्यारों के साथ कोई क्रिकेट नहीं''—यह शीर्षक दिया उन्होंने खेलमंत्री के बयान को। शायद उन्हें डर था कि खेलमंत्री का बयान जरूरत से कम भड़काऊ है। सो उन्होंने कसर पूरी कर दी।

कौन हैं वे हत्यारे, जिनसे खेलने हमारी क्रिकेट टीम अगले महीने पाकिस्तान जानेवाली थी? और किसकी थी वह 'टीम' जो हमें मारने पहुँच गए बम्बई? कौन से गैरजिम्मेदाराना और शरारती सम्बन्ध बिठाए जा रहे हैं यहाँ? दुर्भाग्य यह है—कम-से-कम आभास ऐसा हो रहा है इस वक्त—कि लोग भी भड़के बैठे हैं।

राजा और प्रजा दोनों में ही अगर विपरीत बुद्धि व्यापने लगे तो स्थिति को संगीन समझना चाहिए। गनीमत यही है कि सौभाग्य से, नेता सब खेलमंत्री जैसे नहीं हैं, और लोग भी सब एक-से नहीं हैं। भले ही क्रिकेट का दौरा रद्द हो गया हो।

यह लाइलाज बौद्धिक अहम्मन्यता

एक अरसे से ऐसा लग रहा था। पर हाल के कुछ अनुभवों ने यकीन दिला दिया है कि मर्ज लाइलाज हो गया है। चाहता हूँ कि यकीन गलत साबित हो।

पिछले महीने इंडिया इंटरनेशनल सेंटर में एक अन्तर्राष्ट्रीय संगोष्ठी का आयोजन हुआ। विषय था 'साहित्य में स्वराज'। प्रमुख आयोजक थी साहित्य अकादेमी। उसको सहयोग मिला था भारतीय सांस्कृतिक सम्बन्ध परिषद् और जवाहरलाल नेहरू विश्वविद्यालय के अंग्रेजी अध्ययन केन्द्र से। संगोष्ठी का उद्घाटन 22 फरवरी को सुबह दस बजे होना था। समारोह की सदारत करनेवाले थे साहित्य अकादेमी के नवनिर्वाचित अध्यक्ष और धन्यवाद ज्ञापन की जिम्मेदारी निभानी थी अकादेमी के ही नवनिर्वाचित उपाध्यक्ष को।

ठीक दस बजे उद्घाटन समारोह के मुख्य अतिथि, दो मुख्य वक्ताओं और अकादेमी के सचिव ने अपना स्थान ग्रहण कर लिया। पर समारोह के अध्यक्ष महोदय—जो कि दरअसल मेजबान भी थे—नदारद थे। हॉल में श्रोताओं की कमी नहीं थी। बीस मिनट सबको इन्तजार कराने के बाद अकादेमी के अध्यक्ष तशरीफ लाए और कार्यक्रम शुरू हो सका। पर उपाध्यक्ष के लिए स्टेज पर लगी कुर्सी अब भी खाली थी। उनका आगमन इसके भी पन्द्रह मिनट बाद हुआ और वह बीच कार्यक्रम में स्टेज पर चढ़ कर अपनी कुर्सी को शोभायमान करने लगे। एक अजीब-सी अशोभनीय ठसक के साथ। न तो अध्यक्ष और न ही उपाध्यक्ष के हावभाव में कुछ ऐसा था जो लगे कि उन्हें अपनी अभद्रता का कोई अहसास था।

अकादेमी के जिन अध्यक्ष और उपाध्यक्ष की बात हो रही है, उनका चुनाव केवल दो दिन पहले हुआ था। मतलब यह कि मेजबान की हैसियत से यह अन्तर्राष्ट्रीय संगोष्ठी उनका पहला कार्यक्रम था। अगर कार्यकाल की शुरुआत में ही उनके दायित्व बोध की ऐसी दशा है, देश-विदेश से आए विद्वानों के प्रति ऐसी उदासीनता और अकादेमी के सबसे महत्त्वपूर्ण वार्षिक आयोजन में दिलचस्पी का ऐसा स्तर, तो आगे क्या होगा?

ढाई दिन की इस संगोष्ठी के उद्घाटन के बाद पर्चों का सिलसिला शुरू हुआ। विभिन्न सत्रों में। हर सत्र के लिए, जैसा प्रायः होता है, एक नया अध्यक्ष। पहले सत्र की अध्यक्षता करनेवाले महाशय ऐन अपने सत्र के लिए आए और सत्र के बीच में ही उठ कर चले गए। वे जानते रहे होंगे कि उनको जल्दी जाना है, सो उन्होंने सत्र के शुरू में ही अपना लम्बा वक्तव्य दे दिया था। फिर संगोष्ठी में उनके दर्शन नहीं हुए।

इस तरह की व्यस्तता कुछेक पर्चा पढ़नेवालों को भी थी। मसलन, एक प्रख्यात गांधीवादी समाजसेवी जो एक गैर सरकारी संस्था के कर्ताधर्ता हैं और लोगों को प्रशिक्षित करते हैं, केवल अपना प्रवचन देने आए–पर्चा नहीं था उनका–और उसके तुरन्त बाद चले गए। अपने ही सत्र में बोलनेवाले अन्य विद्वानों तक को सुनने का समय उनके पास नहीं था।

और भी लोग थे जो सिर्फ अपने सत्र के लिए आए और फिर चले गए। तीनों दिन उपस्थित रहनेवालों की संख्या ज्यादा नहीं थी और इनमें प्रमुख थे विदेशी विद्वान् जो विशेष रूप से इसी संगोष्ठी के लिए आए थे।

साहित्य अकादेमी की इस अन्तर्राष्ट्रीय संगोष्ठी से थोड़ा पहले इसी तरह का अनुभव हुआ एक अन्य अन्तर्राष्ट्रीय संगोष्ठी में। यह जामिया मिल्लिया इस्लामिया में 1857 पर ही हुई थी। दरअसल जामिया की यह संगोष्ठी एडिनबरा में 1857 पर ही हुई एक संगोष्ठी की दूसरी कड़ी थी। जाहिर है ऐसी उम्मीद थी कि वे सभी विद्वान् जो दिल्ली से एडिनबरा गए थे 1857 पर विचार विनिमय के लिए, जामिया में भी शिरकत करेंगे। जो हुआ वह यह था कि कुछ लोग तो बिलकुल नहीं आए और जो आए, इक्के-दुक्के को छोड़ कर, वे आधे-पौने दिन के लिए। एक सत्र में तो ऐसा हुआ कि जिनको अध्यक्षता करनी थी और जिनको उस सत्र में पढ़े जानेवाले पर्चों पर अपनी टिप्पणी देकर बहस की शुरुआत करनी थी, उन दोनों का आगमन तब हुआ जब उनका इन्तजार करने के बाद किसी और की अध्यक्षता में कार्रवाई शुरू कर दी गई थी।

तीसरा और अन्तिम उदाहरण। सबसे हाल का। डाक से सूचना मिली कि इतवार, 9 मार्च को विभाजन के समय से लेकर आज तक हिन्दुस्तान-पाकिस्तान सम्बन्धों के विभिन्न पक्षों को लेकर दोनों देशों में लिखे गए साहित्य पर एक गोष्ठी हो

रही है। विषय का आकर्षण तो था ही, पर बोलनेवालों के नाम भी ऐसे थे कि गोष्ठी में जाना जरूरी हो गया। सुबह दस बजे माता सुन्दरी मार्ग पर पहुँचना था, और नहीं चाहता था कि कुछ भी मिस करूँ, सो साढ़े नौ बजे घर से निकल पड़ा। रास्ते में पता चला कि कांग्रेस की धन्यवाद रैली है। गाड़ी चलाना मुश्किल। फिर भी सवा दस बजे पहुँच गया।

गोष्ठी जिस हॉल में होनी थी उसमें तीन महिलाएँ बैठी थीं। लगा गलत जगह आ गया हूँ। बाहर निकला तो एक सज्जन ने बताया कि गोष्ठी साढ़े दस बजे होनी थी, न कि दस बजे, और उन्हें उम्मीद थी कि ग्यारह-सवा ग्यारह बजे तक शुरू हो जाएगी। उन्होंने यह जानकारी भी दी कि 'टॉकर्स' आ भी पहुँचे हैं।

यकीन मानें आप कि कार्रवाई शुरू हुई घोषित समय के दो घंटे दस मिनट बाद। और उस समय तक कुल 'टॉकर्स' थे तीन। ऐलान किया गया कि कांग्रेस की रैली की वजह से वक्ता समय से नहीं आ पाए हैं, पर आएँगे जरूर।

दो बजे तक मैंने सब्र रखा। दो वक्ताओं को सुना, जो उस वक्त तक बोले थे। पर लंच के दौरान भी जब घोषित वक्ताओं में से किसी और के दर्शन न हुए तो मैं उदास मन से बाहर आ गया।

सिर्फ उदास कहना ठीक न होगा। मन में खासा गुस्सा था। और हताशा थी। आयोजकों ने जो दो घंटे से ऊपर इन्तजार करवाया वह तो काबिले एतराज था ही, उन बड़े-बड़े नामों का क्या होगा कि उन्होंने अपने न आ सकने की इत्तिला देना भी जरूरी न समझा? एडिनबरा, पेरिस या न्यूयॉर्क जा रहे होते किसी गोष्ठी में और अचानक किसी कारण से न जा पाते तो क्या इसी तरह मौन साध जाते? क्या इस बदलते जमाने में सामान्य शिष्टाचार बरतना भी गैर-जरूरी हो गया है? या कि कारण जो भी हो—निमन्त्रण स्वीकार करने के बाद बोलने के लिए न जाने और आयोजकों को इसकी खबर तक न करने में शराफत का कोई हनन नहीं होता? कि गोष्ठियों में ऐन अपनी बात कहने के वक्त पर पहुँचने और उसके तुरन्त बाद उलटे पाँव लौट जाने में या सिर्फ अध्यक्षता के लिए जाने और उसको भी बीच में ही छोड़ आने में अपने साथी बुद्धिजीवियों का निरादर नहीं होता?

शिष्टाचार को चलिए गोली मार भी दें तो यह कैसा बौद्धिक व्यापार है, जिसमें देना ही देना है, लेना नहीं? बुद्धिजीवियों के बारे में आम और अमूमन सही धारणा रही है कि वे अपने चारों ओर की दुनिया से कटे रहते हैं। पर उनकी अपनी एक दुनिया होती है, जिसमें बुद्धिजीवियों का आपसी वैचारिक आदान-प्रदान, संघात चलता रहता है। निरन्तर बढ़ती रफ्तार के इस नए समय में—जब व्यस्तताएँ और समयाभाव निर्धारित करते हैं आपकी साख, हर ऐरा-गैरा

नत्थू खैरा व्यस्त है। अपने महत्त्व के मद में स्वतःपूर्ण। अवसरानुसार प्रदान के लिए तत्पर। पर आदान या संघात का मोहताज नहीं।

प्रख्यात समाजशास्त्री आचार्य श्यामाचरण दुबे जब भारतीय उच्च अध्ययन संस्थान के निदेशक थे तो अपने चुटीले अन्दाज में कहा करते थे : "भाई, अभी मेरे उद्घाटन और समापन भाषण के दिन नहीं आए हैं।" दुबे जी एक-एक सप्ताह चलनेवाली गोष्ठियाँ आयोजित करते थे शिमला में और हर पर्चे को कम-से-कम डेढ़ घंटा दिया जाता था। प्रशासकीय जिम्मेदारियों को निभाते हुए भी गोष्ठियों में सदा मौजूद रहते थे। दिन में गोष्ठी के दौरान उठे मुद्दे अक्सर देर रात तक छोटे-छोटे गुटों में बहस का केन्द्र बने रहते थे। कोई पाँच-सितारा बुद्धिजीवी नहीं होता था कि एक दिन—एक सत्र की तो बात ही नहीं—के लिए अपने ज्ञान से दूसरों को लाभान्वित कराके दूसरे दिन चला जाए।

मैं समझ सकता हूँ कि गोष्ठियों के आयोजकों को कई बार महत्त्वपूर्ण स्थानों में बैठे लोगों को आमन्त्रित करना पड़ता है। इन महानुभावों से पैसा मिलता है और दूसरे दस काम बनते हैं। जो मैं नहीं समझ पाता वह है कि कैसे देखते-ही-देखते हर उम्र के बुद्धिजीवी, बौद्धिक व्यापार और शिष्टाचार दोनों के ही सामान्य नियमों को ताक पर रखे, ऐसे अभद्र और अहम्मन्य होने लगे हैं।

एक विलम्बित मृत्युलेख

पता नहीं देवानी मरते वक्त मुझसे जुड़ी किस तरह की यादें लेकर गया। पर मैं, उसके जाने के इतने सालों बाद भी, तीन मूर्ति की तरफ से निकलूँ या नेहरू स्मारक पुस्तकालय जाऊँ तो बरबस उसको याद करने लगता हूँ। कभी-कभी तो मन में आता है कि उसके ऑफिस में जाकर खींच लाऊँ, एक बार फिर उसे पुस्तकालय की कैंटीन में बैठ कर चाय पीने के लिए। फिर एक बार उसके खास अन्दाज में चाय बनती देखने के लिए। फिर निरीह परस्पर विश्वास से बातें करने के लिए। बगैर किसी भेद के, मन को हलका करनेवाली बातें।

1964 का बसन्त था गालिबन, जब लक्ष्मण देवानी से जान-पहचान शुरू हुई मेरी। जनपथ स्थित राष्ट्रीय अभिलेखागार में। देवानी वहाँ पहले से ही काम कर रहा था। मैं नया-नया पहुँचा था वहाँ अपने शोध कार्य के शुरुआती दौर में। खोया-खोया, हतप्रभ कस्बाई रिसर्चर। शुरू के दिनों में अजीब-सी घबराहट तारी रहती थी। थोड़े दिनों बाद सब ठीक-सा हो गया। बड़ा सहारा मिला था उस वक्त देवानी से। कुछ था उसके अन्दर। वही 'कुछ' जिसकी वजह से विदा लेते समय हमेशा 'गुड लक' कह कर अलग होता था।

दूसरे की गुड लक का उसे बहुत खयाल रहता था। जितना कुछ बनता था उसे वह करता था दूसरों की लक बनाने के लिए। और सदैव निःस्वार्थ भाव से। दूसरा बदले में स्नेह बनाए रहे तो मस्ती। भूल जाए तो देवानी को कोई शिकायत नहीं।

अपने इसी स्वभाव के कारण देवानी के अन्दर अपने फर्ज का बड़ा प्रबल अहसास था। जिन्दगी में पहली बार–और वही अन्तिम रहा–अमेरिका जाना हुआ। काम था वहाँ के विभिन्न पुस्तकालयों और संग्रहालयों में जाकर जवाहरलाल नेहरू के या उनसे सम्बद्ध पत्रों को एकत्रित करना। दैनिक भत्ता कम था। वहाँ जाकर समझ में आया कि काम ज्यादा है और उसके लिए निर्धारित समय कम। जुट गए देवानी भूत की तरह काम में। भूल गए कि अमेरिका में और भी बहुत कुछ है काम के अलावा, खासतौर से पहली बार आनेवाले के लिए।

ऐसा भी नहीं था कि देवानी का बड़ा नाम होनेवाला था उस काम के आधार पर। सम्पूर्ण नेहरू वाङ्मय के विशाल प्रोजेक्ट में देवानी का ओहदा तो सिर्फ शोध सहायक का था। प्रकाशित ग्रन्थों पर तो उस समय प्रधान सम्पादक और सहायक सम्पादक के नाम ही जाते थे। लेकिन देवानी को इससे कोई फर्क नहीं पड़ता था।

फर्क नहीं पड़ता था काम करने के तरीके में। काम की लगन में। पर वैसे उसे औरों से ज्यादा ही फर्क पड़ता था। चूँकि देवानी कोई मामूली शोध सहायक नहीं था। सिर्फ पैसे के लिए काम करनेवाला पेशेवर रिसर्च असिस्टेन्ट। वह असल में एक स्कॉलर था, सच्चा शोधकर्ता। किस्मत ने उसे पेशेवर रिसर्च असिस्टेन्ट बना कर छोड़ दिया।

न केवल जवाहरलाल नेहरू, बल्कि समूचे भारतीय राष्ट्रीय आन्दोलन से सम्बन्धित कितनी मौलिक सामग्री देवानी ने देखी और इकट्ठी की थी इसका अन्दाजा लगाना कठिन है। और जितना कुछ उसने देखा वह सिर्फ इरादे से नहीं कि प्रधान सम्पादक के सामने रख भर देना है, कि वह तय कर लें कि उसमें से क्या किस तरह इस्तेमाल होगा और क्या छोड़ दिया जाएगा। देवानी उस सारी सामग्री के बारे में खुद सोचता था, उस पर विश्लेषणात्मक दृष्टि से बात करता था।

गुजरात के अपने लम्बे सालों में न जाने कितनी बार मुझे कोई लेख या किताब लिखते-लिखते लगा कि फलां जानकारी और मिल जाती तो कितना अच्छा होता। ऐसी जानकारी जो किसी दुर्लभ ग्रन्थ या किसी सरकारी फाइल में दबी पड़ी है। हर ऐसे मौके पर मैं जानता था मुझे क्या करना है। भेज देता देवानी को एक चिट्ठी और हर बार बगैर किसी विलम्ब के जरूरत की जानकारी मेरे पास आ जाती। देवानी की 'गुड लक' के साथ।

स्वाभाविक था कि ऐसे आदमी में ललक हो कि दुनिया के सामने सिद्ध करने की कि वह भी स्कॉलर है। रिसर्च असिस्टेन्ट भर नहीं। उसने इतिहास में डॉक्टरेट लेने का फैसला किया। पर दफ्तरी काम इतना समय ले लेता कि अपने निजी शोध के लिए पर्याप्त समय ही न मिलता। दिल्ली विश्वविद्यालय में जो समय सीमा निर्धारित है शोध प्रबन्ध पेश करने के लिए वह बीत गई। कैसा दुखी हुआ था देवानी उस वक्त!

थीसिस तो नहीं हुई, पर देवानी ने गम्भीर पत्रिकाओं और अखबारों में लिखना शुरू कर दिया। सेमिनारों में पर्चे पढ़ने लगा। पुस्तक समीक्षाएँ करने लगा।

पर डॉ. देवानी होने की लालसा तो पूरी हो नहीं सकती थी इस तरह। सो उसने फिर एक बार नए सिरे से रजिस्ट्रेशन करवा लिया पीएचडी के लिए। पचास

से ऊपर की उम्र में। दस से पाँच दफ्तर का काम करना पड़ता। कभी-कभी घर में भी दफ्तर का काम करना पड़ता। कभी-कभार छुट्टी के दिन भी दफ्तर जाना पड़ जाता। सालों-साल इस बुरी तरह से काम करते-करते सेहत भी दगा देने लगी। पर इस बार देवानी ने संकल्प कर लिया था कि वह अपना शोध प्रबन्ध पूरा कर के ही रहेगा। जब भी मैं दिल्ली आता, वह अपनी थीसिस की ही ज्यादातर बात करता। फिर जैसे-जैसे लिखने लगा अपने अध्याय, मुझे भेजने लगा देखने के लिए।

और तब मुझे एक दिन मिला देवानी का 'इनलैंड' पत्र। ऊपर से नीचे तक पूरी तरह से भरा हुआ। वह 'डॉक्टर' बन गया था। साठ साल की उम्र में। रिटायर होने से जरा ही पहले। पूरा पत्र भरा हुआ था खुशी से। मानो जीवन सार्थक हो गया था उसका।

हमने तय किया कि मेरे दिल्ली आने पर हम मिल कर जश्न मनाएँगे उसकी डॉक्टरेट का। मैं, जिसने अपनी डॉक्टरेट का कोई जश्न नहीं मनाया था, उत्सुकता से इन्तजार कर रहा था देवानी के साथ खुशी मनाने का। कुछ ही दिनों में दिल्ली जाने का मौका मिला। मैंने देवानी को सूचना दे दी।

दिल्ली में निश्चित दिन मैं देवानी के दफ्तर पहुँचा। मन में कुछ तय-सा करता कि उसको बाँहों में लिए-लिए ही क्या बोलूँगा। पर उसका कमरा खाली था। मैं कमरे से बाहर निकल ही रहा था कि देवानी के एक सहयोगी ने अन्दर आते हुए कहा : 'क्या आपको मालूम नहीं?...देवानी साहब का तो परसों इन्तकाल हो गया।'

हलका-सा दर्द हुआ था दिल में। और कोई ज्यादा परेशान हो पाए उससे पहले ही देवानी चला गया। देखते-देखते।

क्या अपनी डॉक्टरेट के लिए ही जी रहा था वह? कितना अच्छा हुआ कि 'डॉक्टर' बन कर ही गया वह। आश्वस्त। प्रसन्न। असल स्कॉलर। शोध सहायक मात्र नहीं।

हर तरह के हथकंडे से डॉक्टरेट हासिल करनेवालों की भीड़ में कितना अद्भुत लगता है यह सच्चा सरल आदमी जो बगैर किसी दुनियावी लालच के, सालों लगा रहा इस खासी अवमूल्यित डिग्री को हासिल करने में।

पर आज यहाँ क्यों मैं देवानी को याद कर रहा हूँ? उसके जाने के काफी दिन बाद तक मेरी इच्छा होती रही उस पर लिखने की। न सिर्फ इसलिए कि वह इतना अच्छा आदमी था। मैं यह भी कहना चाहता था कि शोध जगत से जुड़े बड़े-बड़े लोग क्यों नहीं वह शोषण देख पाते जिसके लिए वे स्वयं जिम्मेदार हैं?

वह शोषण जिसकी वजह से देवानी जैसे ईमानदार, प्रतिबद्ध और कुशल शोध सहायकों का जीवन हताशा में बीत जाता है। जिस मान और श्रेय के अधिकारी हैं वे उससे वंचित रह जाते हैं।

लेकिन लिखता कैसे? मृत्युलेख तो उन पर छपते हैं जिनका नाम है। नहीं, नाम भी काफी नहीं है। नाम काफी होता तो उस्ताद शराफत हुसैन ख़ाँ, पंडित जितेन्द्र अभिषेकी, पंडित नरेन्द्र शर्मा जैसे नामी लोग चुपचाप न गुजर जाते। लगता है मृत्युलेखों की अपनी गणित होती है। अपना बाजार। इस बाजार में जहाँ नाम भी एक खास तरह से होना जरूरी है, सिर्फ किसी के अच्छे होने से–सीधे और सरल होने से–तो कारण बन नहीं जाता उस पर मृत्युलेख प्रकाशित होने का। भले ही हमारे बीच अच्छे, सच्चे, सीधे और सरल लोग कितने ही विरल क्यों न हो गए हों।

देवानी को याद करते-करते मुझे एक और ऐसे ही अच्छे व्यक्ति की याद आ रही है, जिसकी दोस्ती का सौभाग्य मुझे मिला। कितने कम ऐसे लोग हमें अपने जीवन में मिलते हैं। हमें अपनी तरह बनाए बगैर चले जाते हैं वे।

एक और विलम्बित मृत्युलेख

पंडितजी कब गए बिलकुल भी याद नहीं। कोशिश करूँ याद करने की तो पहला हिसाब तो यही होगा कि 1992 में छपी अपनी एक किताब में पंडितजी की उस मुस्कान का जिक्र किया था, जो उनके चेहरे पर होती अगर किताब देखने को जीवित होते वे। इस किताब के लिखने के दौरान कितनी बातें हुई थीं उनसे इसके बारे में। और बिलकुल ही पक्का जानना चाहूँ कि कब गए वे तो बगल में ही उनके घर जाकर पूछ सकता हूँ। पर न कभी कोई हिसाब लगाने की इच्छा हुई न उनके घर जाकर पूछने की। लगता है एक मुद्दत हो गई उनको गए। साथ ही लगता है पंडितजी गए ही कहाँ हैं।

क्या होता है कुछ लोगों में कि वे चले जाकर भी नहीं जाते? और कितने सौभाग्यशाली होते हैं वे जिनकी जिन्दगी में ऐसा एक भी व्यक्ति आ जाता है।

मैं दिल्ली स्थित अखिल भारतीय आयुर्विज्ञान संस्थान के जनरल वार्ड में पड़ा हुआ था जब पंडितजी मेरी जिन्दगी में आए। वे उस समय सेन्टर फॉर द स्टडी ऑफ डेवलपिंग सोसाइटीज में प्रोफेसर थे, मेरे परम मित्र सुरेश शर्मा के साथ। यह जान कर कि सुरेश मुझे देखने आ रहा है, और मैं सुरेश का मित्र हूँ पंडितजी भी उसके साथ आ गए।

मुझे यह तो नहीं मालूम था कि हैपटाइटिस मौत के कितने करीब ले आई थी मुझे, पर इतना मैं समझ पा रहा था कि अगर जनरल वार्ड से स्पेशल वार्ड में न ले जाया गया मुझे, तो मैं बचूँगा नहीं। बातों के दौरान मैंने सुरेश से कहा : 'यार, जल्दी से सेव सुधीर फंड शुरू कर दो।' तीसरे ही दिन सुरेश काफी पैसा लेकर आ गया। बाद में, मेरे ठीक हो जाने के बाद उसने बताया कि पैसा पंडितजी ने दिया था, यह जोर देते हुए कि मुझे इसका पता न होने दिया जाए।

इसी के साल-डेढ़ साल बाद मैं भी सेन्टर फॉर द स्टडी ऑफ डेवलपिंग सोसाइटीज आ गया। तकरीबन तीन साल रहा वहाँ। पंडितजी के लिए मन में अहसान मिश्रित आदर तो था ही, इन तीन सालों में हमारे बीच गहरा स्नेह भी

हो गया। हमारी घनिष्ठता का एक कारण यह भी था कि हम दोनों ब्रजभाषी और एक ही बिरादरी के निकले, हालाँकि मेरे नाम से शुरू में पंडितजी यह समझ नहीं पाए थे। जब मैंने उन्हें बताया तो हमारी आपसी बातचीत अंग्रेजी या खड़ी बोली में न होकर ब्रजभाषा में होने लगी।

एक बार तो हमारी भाषा मेरे बड़े काम आई। गर्मी के दिन थे। मैं सेन्टर पहुँचा तो बहुत भूख लग रही थी। सीधा पंडितजी के कमरे में गया कि उनके टिफिन में से कुछ ले लूँगा। पर पता लगा कि पंडितजी किसी और सहयोगी के कमरे में बैठे हैं। वहाँ गया तो पाया कि और कई लोग भी हैं। थोड़ी देर बैठा रहा, इन्तजार करता कि पंडितजी खाने के लिए उठेंगे। पर कोई आसार ही नहीं दिखे वहाँ छिड़ी बातचीत के खत्म होने के। इतने लोगों के बीच कहना नहीं चाह रहा था कि चलो मुझे अपने खाने में से कुछ दो। तभी अपनी ब्रजभाषा की याद आई। सो सबके सामने कहा : 'काए पंडितजी कछू कटौरियन कौ डौल है?' पंडितजी बोले : 'काए नाएँ, काए नाएँ!' और थोड़ी ही देर में उठ लिए वहाँ से मुझे लेकर। अपनी 'कटौरियों–पराठों–में से आधी-आधी करके खाई मेरे साथ।

पंडितजी बड़े कोमल स्वभाव के थे। पर दूसरे की भलाई के लिए साफ-साफ बोलना जरूरी है तो हिचकते नहीं थे। हालाँकि ऐसा करते वक्त वे कमाल की मितभाषिता दिखाते। एक बार कुछ सम्भावना बनती दिख रही थी कि मुझे एक अच्छी फेलोशिप मिल जाए। पर उसके लिए जरूरी था कि मैं अपना आवेदन भेजूँ। मैं इसके लिए तैयार नहीं था। मेरा कहना था कि देनी है तो मुझे 'ऑफर' कर दें। पंडितजी मेरी बात को धीरज से सुनते रहे और अन्त में बोले : 'जि बताऔ सुधीर कि तुम फेल हैबे सैं डत्त काए कौं हौ।'

पंडितजी के एक वाक्य ने जिस तरह से मेरा सामना मुझे स्वाभिमान के नाम में पीछे खींचती अपनी हीनता की भावना से करा दिया उसके बाद फेल होने के डर से मेरा रुकना बन्द हो गया। बहुत कुछ कर सका मैं इसके बाद। काम करने के और दुनिया देखने के बहुत से मौके मिलने लगे मुझे, जो कभी नसीब न होते अगर पंडितजी–जैसा कि ज्यादातर लोग करते हैं–मेरी हाँ में हाँ मिला देते उस दिन।

जब की मैं बात कर रहा हूँ वह मेरी जिन्दगी में बड़े संकट का वक्त था। एक दिन मैंने पंडितजी से कहा कि मैं किसी अच्छे मनोविश्लेषक के पास जाने की सोच रहा हूँ। उन्होंने बड़े प्यार से मुझे समझाया : 'देखो जि भूल कभऊँ मत करिओ। काऊ के पास जाइबे की जरूरत नाँइ है। पढ़े लिखे हौ, समझदार हौ। खुद सोचौ, देखौ अपएँ आप कौं। धीरैं-धीरैं समझन लगौगे कि तुमाई परेसानी है

का। और बाई में तुमैं समाधानऊ मिलन लगैगौ। इतै उतैं गए तौ बाउरे है जाऔगे।'

बावरा हो सकता था। वाकई। हुआ नहीं। जिन्दगी नए सिरे से चलने लगी।

पंडितजी सोशल वर्क के विशेषज्ञ थे। इस कारण मनोविज्ञान की भी खासी जानकारी थी उन्हें। पर किताबी ज्ञान से ज्यादा उन्होंने अपने अन्दर और बाहर की असलियत से सीखा था। अन्त तक अपने गाँव बटेश्वर से जीवंत नाता रखनेवाले पंडितजी पगे हुए थे पारम्परिक ज्ञान और भाव-बोध में। उच्च शिक्षा से अछूते समाज के बहुसंख्यक लोगों का ज्ञान और भाव-बोध। उनका एक बहुत महत्त्वपूर्ण निबन्ध है, जिसमें उन्होंने दिखाया है कि हिन्दी भाषी क्षेत्रों में आम आदमी और औरत के जीवन में शायद ही कोई स्थिति होती हो और शायद ही उनका कोई छोटा या बड़ा फैसला होता हो, जिसमें उन्हें तुलसीदास की रामचरितमानस से प्रेरणा और सहायता न मिलती हो। पंडितजी जब तक रहे, बदलाव की रफ्तार आज जैसी तेज नहीं हुई थी। सो पूरे विश्वास से वे कह पाते थे कि यही हाल आगे भी रहेगा।

जब मैं दिल्ली से सूरत चला गया तो पंडितजी अपने किसी अध्ययन के सिलसिले में वहाँ आकर रहे। तब उनसे खूब बातें हुईं। तभी जाना कि वे बहुत सुन्दर गुजराती बोलते थे। पर उस वक्त उनको बोलने और खाने में थोड़ी परेशानी हो रही थी। उनकी गर्दन में फोड़ा हो गया था।

कुछ दिन बाद खबर आई कि उनको कैंसर हो गया है। बीमारी जोर पकड़ती गई। उन्हें असह्य पीड़ा होने लगी और बोलना भी मुश्किल हो गया।

घोर यन्त्रणा के उन दिनों में पंडितजी का जो अद्‌भुत रूप निखरा उस पर आज भी विश्वास नहीं हो पाता।

कुछ समय के लिए लोगों के जोर देने पर तिब्बती इलाज भी करवाया। एक बार, कुछ दिन तिब्बती दवा खाने के बाद, तिब्बती डॉक्टर ने पूछा कि क्या हाल है तो पंडितजी ने कहा कि पहले से काफी आराम है। बाहर निकल कर आए तो उनके साथ जानेवाले ने पूछा कि डॉक्टर से झूठ बोलने की क्या जरूरत थी? पंडितजी ने जवाब दिया कि कितना बुरा लगता डॉक्टर को अगर वे कहते कि उसकी दवा से कोई फायदा नहीं हुआ है उन्हें।

जिस वक्त पंडितजी की हालत तेजी से बिगड़ रही थी उसी वक्त हम लोगों के एक अन्य मित्र, निझावन, का भी इलाज चल रहा था कैंसर का। उस वक्त हममें से कोई पंडितजी को देखने जाता तो इससे पहले कि उनका हाल पूछ सके, वह लड़खड़ाते हुए पूछ चुके होते थे : 'निझावन का क्या हाल है?'

पंडितजी से अपनी आखिरी मुलाकात तो आज भी याद आ जाने पर बुरी तरह दुखी कर देती है। सूरत से दिल्ली आया था एक-दो दिन के लिए। पता लगा कि पंडितजी एक नर्सिंग होम में दाखिल हैं। मैं गया वहाँ। कौन जाने कितनी पीड़ा में रहे होंगे उस समय, पर मुझे देखते ही मुस्कराए। हमेशा की तरह। मैं उनकी बाँह पर अपना हाथ रख कर बैठ गया। कोशिश की बुदबुदाने की : 'का हाल है अब? कछू आराम है?'

पंडितजी ने मुझसे कुछ कहा। मैं समझ नहीं सका। मैंने अन्दाजा लगाया कि उन्होंने अपनी तबीयत के बारे में ही कुछ कहा होगा। सो मैं कुछ इस अन्दाज में मुस्करा दिया मानो मैं समझ गया हूँ जो उन्होंने कहा है। पर जब उन्होंने फिर वैसी ही आवाज पैदा की जिसे मैं जवाब समझा था उनकी अपनी तबीयत के बारे में, तो मैंने कहा : 'सॉरी, पंडितजी समझ में नांइ आई आप का कहि रहे हौ।' पंडितजी ने इस बार और ज्यादा कोशिश की कि मैं उनका बोला समझ जाऊँ। फिर नाकाम।

वे छटपटा रहे थे मुझे समझाने को। मैं घबरा रहा था कि कितनी और तकलीफ मिलेगी उन्हें मेरे न समझ पाने की वजह से। तभी बगल की मेज पर पड़ी नोटबुक दिखाई दी। मैंने पंडितजी से लिख कर बताने को कहा। उन्होंने लिखा : 'गीतांजलि कैसी है?' गीतांजलि सूरत में ही है, मैंने उन्हें बताया। उसने कहलाया है कि आप ठीक होकर जल्दी घर लौटें। वह जल्दी ही आएगी। दिल्ली आपसे मिलने।

काश इतने कम न होते पंडितजी–प्रोफेसर हेतराम चतुर्वेदी–जैसे अच्छे लोग!

देरीदा के साथ एक शाम

हमारे समय में शायद ही किसी विचारक को इतनी ख्याति और कुख्याति एक साथ मिली है जितनी जाक देरीदा को। न जाने कितनों के लिए मूर्धन्य दार्शनिक और बहुतेरों के लिए फरेबी, विचारों की दुनिया का नटवरलाल। आपका अपना जो भी मत हो सदा विवाद के केन्द्र में रहे देरीदा के बारे में, इस तथ्य को मानना ही पड़ेगा कि देरीदा के डीकंस्ट्रक्शन (विखंडनवाद) ने समकालीन सोच को गहरे तक झकझोर दिया है।

देरीदा ने जितना लिखा लगभग सारा ही, भाषा और विचार दोनों के साथ निरन्तर खिलवाड़ के बावजूद (और अक्सर उसके कारण भी), बहुत कठिन है। कम ही लोग देरीदा के लिखे को पूरा का पूरा समझने का दावा कर सकते हैं। पर, देरीदा में पगने के प्रारम्भिक उद्यम के बाद, शायद ही कोई होगा जो उनकी उन्मुक्त मगर सघन विचार और तर्क पद्धति से चमत्कृत और प्रभावित हुए बगैर रह जाए। जिसे अपनी ही विचार और तर्क पद्धति की बखिया उधेड़ने की प्रेरणा न मिले।

अक्तूबर 1983 की बात है। मेजों द सियेंस द लोम फ्रांस की शीर्षस्थ समाज विज्ञान संस्था है। 'मानव विज्ञान आवास'। उनकी तीन महीने की फेलोशिप पर पेरिस में रह रहा था। एक दिन आवास के उप-निदेशक ने कहा कि देरीदा और मिशेल फूको से मिल लेना चाहिए तुम्हें। मैंने जवाब में मना करते हुए कहा कि मुझे देरीदा और फूको के दर्शन तो करने नहीं हैं, और अभी मैंने उनको पढ़ा नहीं है। उसने कहा कि चलो फूको से जब फिर पेरिस आओ तब मिल लेना, पर देरीदा से मिलना जरूरी है। वह तुमसे मिलना चाहते हैं। जाहिर है, मुझे इस पर विश्वास नहीं हुआ। सो मैंने कहा कि देरीदा तो मुझे जानते नहीं तो मिलने की इच्छा का क्या मतलब है। जवाब मिला कि देरीदा हिन्दुस्तानी स्कॉलर से मिलना चाहते हैं, खास तुमसे नहीं।

निर्धारित दिन मुलाकात के लिए मैं निकलने ही वाला था कि अचानक ध्यान आया कि उसी दिन जाड़े का समय लागू हो गया है और घड़ियाँ एक घंटा आगे

कर दी गई हैं। किसी भी हालत में मैं समय से नहीं पहुँच सकता था। मैं तेजी से दौड़ कर सड़क पर आया और कूद कर एक टैक्सी में बैठ गया। ठिकाने पर पहुँच कर उतनी ही तेजी से मैं उस बोर्ड की तरफ लपका जहाँ लोगों के नाम और उनके कमरों के नम्बर लिखे हुए थे।

मैं अभी बोर्ड पर देरीदा का नाम ढूँढ भी नहीं पाया था कि बिलकुल मेरी तरह ही हड़बड़ाता एक आदमी हॉल में घुसा। मुझे देख कर हाँफते-हाँफते उसने पूछा, 'क्या आप मुझे ढूँढ रहे हैं?' समझ में तो आ गया कि यही देरीदा हैं, पर मन में आया कि बगैर जाने 'हाँ' कैसे कह दूँ। थोड़ा मजा भी आया कि तर्क और स्थितियों की बारीकियों में जानेवाला यह दार्शनिक पूछ कैसे गया इतना सीधा सवाल। सो जवाब में मैंने कहा : 'मुस्यू देरीदा?' देरीदा ने कहा : 'वी'।

हॉल से अपनी स्टडी तक जाते-जाते देरीदा ने कुछ इधर-उधर की बातें कीं। जब हम दोनों आराम से बैठ गए तो उन्होंने बोलना शुरू किया। कहा कि हिन्दुस्तान के बारे में वह कुछ भी नहीं जानते, पर इच्छा है जानने की। फिर मुझसे पूछा कि मैं क्या काम कर रहा हूँ। अब वह बिलकुल मौन थे।

सही-सही नहीं बता सकता कि मैं कितनी देर बोला। तीस-चालीस मिनट से ज्यादा किसी भी हालत में नहीं। मुझे नहीं याद पड़ता कि इतने ध्यान से सुनते हुए मैंने कभी किसी को देखा है। जरूरी है कि संक्षेप में बता दूँ कि मैंने क्या कहा। नहीं तो देरीदा ने मुझसे जो कहा उसका सन्दर्भ नहीं बन पाएगा।

मैंने कहा कि एक अरसे से उस सामाजिक चेतना को समझने की कोशिश में लगा हुआ हूँ जिसका विकास हिन्दुस्तान में अंग्रेजों का राज्य स्थापित होने के बाद और उसके कारण हुआ। मुझे लगता है कि यही वह सामाजिक चेतना है जो अंग्रेजों के जाने के बाद भी आज बनी हुई है। इस चेतना को समझने की शुरुआत मैंने उन्नीसवीं सदी के काफी सामाचारपत्रों, पत्रिकाओं के अध्ययन से की। अब मैं उस समय के साहित्य को पढ़ कर उस चेतना को समझना चाहता हूँ।

इस काम को करते-करते मुझे एक समस्या का सामना करना पड़ रहा है। मैं पढ़ रहा हूँ साहित्य और जो कुछ वहाँ से हासिल हो जाए उसको इतिहास लेखन में स्थापित करना चाहता हूँ। एक विधा से दूसरी विधा में जाने की व्यावहारिक कठिनाइयाँ तो हैं ही, ज्ञान के–जानने के–स्तर पर भी कुछ बुनियादी सवाल उठ खड़े होते हैं इस प्रक्रिया में।

मुझे याद नहीं कि देरीदा ने निहायत एकाग्रचित्तता से मेरी बात सुनते-सुनते अपनी मुद्रा में क्या बदलाव किया कि मैं समझ गया कि वह मेरी बात समझ चुके

हैं और अब बोलने को तैयार हैं। मैं चुप हो गया। वह बोलने लगे। बहुत स्पष्ट और सरल। अपने गूढ़ लेखन और घुमावदार भाषा के बिलकुल उलट।

मैं, देरीदा ने शुरू किया, चूँकि हिन्दुस्तान के बारे में नहीं जानता तो हो सकता है कि मैं जो कह रहा हूँ उसका कोई महत्त्व न हो या वह प्रासंगिक न हो। पर यह जो आप काम कर रहे हैं भारतीय साहित्य के माध्यम से उस वक्त उभर रही सामाजिक चेतना को समझने का, तो क्या आपको विश्वास है कि भारतीय साहित्य नाम की कोई चीज है, या कम से कम उस वक्त थी। अगर आप मानते हैं कि वाकई भारतीय साहित्य जैसी कोई चीज है तो आपको समझना होगा कि उसके होने को मानने का आधार क्या है।

मैं, देरीदा इसी बात को आगे ले जाते हुए कहने लगे, यह सवाल इसलिए पूछ रहा हूँ कि मैं खुद, एक दूसरे स्तर पर, इसी सवाल से जूझ रहा हूँ आजकल। मेरा सवाल है कि क्या जिसे साहित्य कहा जाता है वैसी कोई चीज है।

और इसी से, देरीदा बोले, जुड़ा हुआ है ज्ञान की प्रक्रिया वाला सवाल कि साहित्य के माध्यम से इतिहास में कैसे जाएँ। जा सकते भी हैं या नहीं? यानी सवाल एक विधा से दूसरी विधा में जाने का, एक से मिली समझ या उसके सत्य को दूसरी विधा में स्थापित करने का है। यह सवाल मान लेता है कि हर विधा का अपना अलग स्वतन्त्र और स्वायत्त अस्तित्व है। और मैं पूछ रहा हूँ कि क्या साहित्य नाम वाली कोई चीज है भी।

जाक लाकाँ (प्रसिद्ध और विवादास्पद फ्रांसीसी मनोविश्लेषक और विचारक) हमें बताते हैं कि हर विधा का एक बुनियादी 'फिक्शन' होता है। उस 'फिक्शन' को हटा दो, विधा ढह जाएगी।

देरीदा, मैं चाह रहा था, चुप न हों। बोलते रहें। वैसा ही उन्होंने किया भी। उस समय इतना बोल कर कि मैं फिर कभी वैसा न रहूँ जैसा कि उनकी स्टडी में घुसते वक्त था, वह अपनी कुर्सी से उठे और उस समय तक उनकी जो चार महत्त्वपूर्ण पुस्तकें प्रकाशित हो चुकी थीं उनमें से तीन एक अलमारी में से निकाल लाए। तीनों पर, मेरे नाम की सही स्पेलिंग पूछ कर, फ्रेंच में समर्पण लिख कर, बड़े स्नेह से उन्होंने अपनी 'राइटिंग एंड डिफरेंस', 'ऑव ग्रैमटॉलजी' और 'डिसैमिनेशन' की प्रतियाँ भेंट की।

फिर देरीदा इस बात की माफी माँगने लगे कि चौथी पुस्तक, 'स्पीच एंड फिनॉमिनन', की केवल एक प्रति बची है उनके पास और इसलिए वह मुझे देना चाहते हुए भी देने में असमर्थ हैं। बड़े सकुचाते मैंने कहा कि अगर उन्हें आपत्ति न हो तो मैं वह पुस्तक एक दिन के लिए ले जाकर उसको जीरॉक्स कर लूँगा।

वह खुशी-खुशी मान गए। तीसरे दिन मिलने का तय किया ताकि मैं उनकी किताब लौटा सकूँ।

तो इस तरह 6 अक्तूबर, 1983 की उस शाम देरीदा ने मुझसे जो बोलना शुरू किया वह सिलसिला थमा नहीं है। वह खुद जा चुके हैं। पर यह सिलसिला मेरे जाने तक चलता रहेगा।

वसीयत को पहचानना और जो मिला है उसको सवाल करते हुए आगे बढ़ाना मानो देरीदा की फितरत थी। उनका एक प्रिय शब्द था, ग्रीक भाषा का शब्द, 'एपोरिआ'। मोटा-मोटी इसका मतलब है ऐसा सवाल जिसका जवाब नहीं है, ऐसी समस्या जिसका कोई समाधान नहीं है। देरीदा सवालों के महारथी थे। महारथी बुनियादी सवालों के। ऐसे सवाल जो, अगर आप बौद्धिक रूप से पूर्ण उन्मुक्त नहीं हैं तो, आपको पागलपन के अलावा और कुछ नहीं लगेंगे। जैसे कि उनका सवाल कि जिसे हम साहित्य कहते हैं वैसी कोई चीज है भी।

बौद्धिक दुस्साहस, मस्ती, आनन्द और इनके साथ ही करुणा, यह एक सबक है जो देरीदा ने मुझे सिखाया। मैं समझ सकता हूँ कि क्यों देरीदा ने दावा किया था कि 'डीकंस्ट्रक्शन' अनिवार्य रूप से नैतिक है। जो मैं नहीं समझ पाता वह है बहुत सारे लोगों का विश्वास, देरीदा की मिसाल देते हुए कि, 'डीकंस्ट्रक्शन' और परिणामस्वरूप उत्तर-आधुनिकतावाद 'एमॉरल'–नैतिक-अनैतिक से परे–है। देरीदा को, न कि देरीदा के बारे में थोड़ा ही सही, पढ़े बगैर कुछ प्रचलित भ्रान्तियों को मान लेना बौद्धिक आलस है। यह स्वाभाविक हो सकता है बहुतों के लिए। पर उसके कारण पैदा हुई बेईमानी–भले ही वह स्वाभाविक हो–से अपने को न बचा पाना कोई गर्व की बात नहीं।

किस्मत, पुण्य, चांस जो भी रहा हो, मैं खुश हूँ कि देरीदा हिन्दुस्तानी स्कॉलर से मिलना चाहते थे और उस वक्त मैं पेरिस में था।

शास्त्रीय संगीत सुनते-सुनते

नहीं मालूम कब से, पिता के अपने शौक के कारण, मेरा हिन्दुस्तानी शास्त्रीय संगीत सुनना शुरू हुआ। जब भी शुरू हुआ हो, अभी तक थमा नहीं है यह सुन्दर सिलसिला। इन पचास-साठ सालों में हमारे शास्त्रीय संगीत में बहुत बदलाव आया है। न ही मेरा सुनना वही है जो पहले था। फिर भी कुछ तो है दोनों में जो नहीं बदला है। कि दोनों पहचाने जा सकते हैं पहलेवाले रूप में, सारे बदलाव के बावजूद। शास्त्रीय संगीत भी और मैं भी।

दूसरी कलाओं के मुकाबले, अपने आदर्श रूप और लोगों की अपेक्षाओं में, शास्त्रीय संगीत हमारे चारों ओर की दुनिया से खासा स्वतन्त्र होता है। मसलन, साहित्य से अक्सर जिस तरह के सामाजिक दायित्व की, प्रासंगिकता की अपेक्षा की जाती है, शास्त्रीय संगीत उससे मुक्त रहता है।

मुझे याद आता है एक शाम दिल्ली के विज्ञान भवन में पंडित कुमार गंधर्व का गायन। सुध-बुध बिसरा मैं न जाने किस लोक में पहुँचा हुआ था कि अचानक एक विचित्र–वर्जित!–विचार मन में कौंध गया। क्या सम्बन्ध था पंडितजी की बन्दिश का हमारी दुनिया से? बन्दिश थी : 'रतियाँ डरावन लागीं।' अब भले ही स्वकीया और परकीया का भेद हमारे आधुनिक प्रेम व्यापार में मिटा न हो, पर काली रातों के उस पुराने डर की कोई जगह नहीं बची है हमारी आज की जिन्दगी में। क्यों यों ही मैं बहा जा रहा हूँ, मैंने अपने आप से पूछा।

इस सवाल ने उस शाम मिल रहे आनन्द को मन्द तो कर दिया, पर इससे शास्त्रीय संगीत को लेकर पैदा हुई परेशानी ने मुझे ज्यादा देर तक तंग नहीं किया। ऐसा इसलिए हो सका कि संगीत की स्वायत्तता का विचार मन में गहरी जड़ें जमाए था।

ऐसा हो पाना सच पूछिए तो खासे आश्चर्य का विषय है। कम से कम दो कारणों से। एक तो यह कि स्वरों पर आधारित संगीत-संसार के जटिल निर्माण में शब्दों का भरपूर इस्तेमाल किया गया है। शब्द, जिनके अर्थ हमारे चारों तरफ

की दुनिया के सन्दर्भ में बनते हैं। अमूर्त स्वर शब्दों के सहारे मूर्त रूप लेने लगते हैं। दूसरे यह कि हिन्दुस्तानी शास्त्रीय संगीत जिस स्वरूप में हमें मिला है वह एक समय के समाज से अभिन्न रूप से जुड़ा हुआ था। एक ऐसा समय जब समाज में दो ही रसों की प्रधानता थी : शृंगार और भक्ति। उस समाज के जीवन से निकलती थीं बन्दिशें। 'रतियाँ डरावन लागीं' और 'हम सहारे अपने राम के' रची-बसी थीं उस जीवन में।

स्वरों और शब्दों की गूढ़ व्यावहारिक–और एक खास तरह से सोचनेवालों के लिए सैद्धान्तिक भी–घनिष्ठता के सन्दर्भ में। आज से पचास साल पहले हलाहाबाद के एक संगीत सम्मेलन में दिए गए पंडित ओंकारनाथ ठाकुर के वक्तव्य की याद आ जाती है। रसोत्पत्ति को केन्द्र में रख और अलग-अलग रागों को अलग-अलग भावों से जोड़ कर पंडितजी ने राग और रस के साथ-साथ बन्दिश के परस्पर औचित्य पर बड़ा जोर दिया। गाकर जिन उदाहरणों से उन्होंने अपना पक्ष सिद्ध किया उनमें एक उदाहरण था मालकौंस की उस समय की एक लोकप्रिय बन्दिश का। बन्दिश थी : 'मुख मोर मोर मुसकात जात।' कैसे कोई, पंडितजी परेशान थे, मालकौंस जैसे गम्भीर और करुण रस प्रधान राग में ऐसे प्रसन्न अनुप्रास की कल्पना भी कर सकता है? इतना ही नहीं, एक दूसरी बन्दिश–'पीर न जानी'–गाकर उन्होंने मालकौंस का सही दर्शन कराया। दोनों उदाहरणों के केन्द्र में थे शब्द।

सिद्धान्त की बात करें तो शब्द तो दूर, संगीत का–केवल हमारे शास्त्रीय संगीत का नहीं–चरम आदर्श है अनहद नाद। पर वह तो जिन सिद्धों और परमहंसों के लिए वास्तव में होगा, होगा। हम जैसे आम लोग उसकी कल्पना भर कर सकते हैं। जो थोड़ी, या बहुत, गुंजाइश थी भी केवल स्वरों का आनन्द लेने की, बड़ी तेजी से समाप्त होती जा रही है। अब कहाँ बचा है लम्बा आलाप, जिसमें राग का अपने खास अन्दाज में कलाकार निरूपण करते थे और तब शुरू करते थे बन्दिश। यह अकारण नहीं है कि अब आलाप गायन से गायब होकर वादन में बचा हुआ है। और वादन में भी उतना विस्तृत और मंथर नहीं रहा जैसा अभी कल तक अली अकबर ख़ाँ, विलायत ख़ाँ, रविशंकर, निखिल बनर्जी जैसे अविस्मरणीय संगीतकार हमें सुनाते थे। अब तो, हरिप्रसाद चौरसिया जैसे इक्के-दुक्के कलाकारों को छोड़ कर, वादक भी आलाप, जोड़ और झाला का दिखावा भर करके गत पर आ जाते हैं। गत, जो आलाप की तुलना में कम अमूर्त होती है और गायकी अंग में न होने पर भी श्रोताओं को बन्दिशों की याद दिला देती है। तभी न जाने कितने श्रोता वादन में सुने जानेवाले राग को मन ही मन

गुनगुना कर उसको किसी जानी-पहचानी बन्दिश में परिवर्तित कर उस राग को पहचानने की कोशिश करते हैं। यानी कि केवल सुरों को सुनते हुए भी वे अपने मन में शब्द–साहित्य–सुनने लगते हैं।

लगभग यही स्थिति अब ध्रुपद गायन में शुरू हो गई है।

हमारे देखते-देखते हो रहा आलाप का अवसान संगीत से नहीं, हमारे जीवन और हमारी संस्कृति में हो रहे परिवर्तन से जुड़ा है। संगीत में तो वह सिर्फ लक्षित हो रहा है। एक आसन्न संकट का लक्षण।

वैसे जिन्होंने आलाप का महत्त्व कभी जाना ही नहीं, जो मंथर बढ़त का आनन्द जानते ही नहीं, उन्हें तो कोई संकट भी नहीं दिखाई देगा। उन्हें नित त्वरित होती प्रगति ही दिखाई पड़ेगी।

उस्ताद नसीर जहीरुद्दीन और उस्ताद नसीर फ़ैयाज़ुद्दीन डागर की मियाँ की तोड़ी याद आ रही है। तानपूरे के स्वर से नीचे स्वर में शुरू होकर धीरे-धीरे बढ़ता है डागर बन्धु का आलाप। पूरे एक घंटे तक। हमें तैयार करता हुआ आनेवाली ध्रुपद की बन्दिश के लिए जो पन्द्रह मिनट भी नहीं चलती। पर चलती है परम वेग से। बन्दिश है : 'कौन भरम में भूले हो मन ज्ञानी/अनजानी कछु न जानी/जानी ना जात विद्या बहुत सयानी/कौन भरम...'

स्वर और शब्द की अन्योन्याश्रितता का अनुपम उदाहरण। बन्दिश का गूढ़ सहज ज्ञान जो है सो शब्दों में है। शब्द जो ऊपर छप गए और आपने पढ़ लिए। पर इन शब्दों का, अपनी पूरी सारगर्भिता के बावजूद, वह सशक्त प्रभाव नहीं पड़ सकता जो डागर बन्धु का गायन डालता है। और उनकी अपनी गाई गई बन्दिश भी अपने आप में वह प्रभाव पैदा नहीं कर सकती अगर एक घंटे के शब्दहीन आलाप ने इस प्रभाव की तैयारी नहीं कर दी है।

मैं भी प्रौद्योगिकी के इस चमत्कारी युग में रहता हूँ। ऊपर से पेशेवर इतिहासकार हूँ। तथ्य और तर्क से लैस। पर 'अनजानी' की बुनियादी रहस्यमयता और विद्या की सयानगी, मुझे लगता है, ऐसे दो तथ्य-तर्क हैं जिनकी असलियत के पूरे अहसास के साथ ही जिसे ज्ञान कहते हैं उसकी खोज सम्भव है।

स्वरों और शब्दों के परस्पर सम्बन्ध के ही सिलसिले में एक अभूतपूर्व अनुभव की याद आ रही है। आपातकाल की एक सुबह दिल्ली के कमानी ऑडिटोरियम में पंडित भीमसेन जोशी का गायन था। याद नहीं कौन-सा बड़ा खयाल पंडितजी ने गाया। जो याद है वह आज भी रोमांचित कर देता है। कार्यक्रम के अन्त में उन्होंने यह भजन गाया : 'सोच समझ नादान/जिस नगरी में दया धरम नहिं/उस नगरी में रहना चाहे/सोच समझ नादान।'

परिचित भजन। कोई कारण नहीं था सोचने का कि कुछ अलग ही होने जा रहा है। कि अचानक लगने लगा कि पंडितजी एक खास नगरी की बात कर रहे हैं। वह नगरी जिसमें इंदिरा गांधी ने सारे देश को डाल दिया था। स्वरों को अजीब तरह से विकृत कर–कर के नगरी को मूर्त कर रहे थे पंडितजी। दया-धर्म विहीन, क्रूर, भयावह नगरी। और बार-बार नादान को सोचने-समझने के लिए मजबूर कर रहे थे।

आपातकाल की दहशत को याद करें। सारा हॉल स्तब्ध था। बगैर एक शब्द बोले पंडित भीमसेन जोशी ने लोगों को ललकार दिया था। एक पारम्परिक भजन से प्रतिरोध पैदा करने की कल्पनाशीलता तो थी ही, साथ ही कैसा साहस था इस महान गायक में। और, कम से कम उस दिन, उसका साहस संक्रामक भी था। उस हॉल में जितने डरे हुए घुसे थे लोग, उससे कहीं कम डरे हुए निकले थे वे वहाँ से। यथासम्भव नगरी को बदलने के लिए प्रेरित भी।

दो घंटे उस्ताद शराफ़त हुसैन ख़ाँ के संग

तकरीबन तीस साल हो गए। 1978 या 79 में हुआ था सौभाग्य से यह हादसा। हर दिन की तरह उस शाम भी मैं अलीगढ़ से दिल्ली के लिए कालका मेल में घुसा। वातानुकूलित शयनयान में किनारे की एक सीट पर बैठ गया और फुर्ती से एक किताब खोल ली। यह मेरी आदत हो गई थी उन दिनों। जब रोज रेलगाड़ी में लौटाबाटा चार घंटे बिताने हैं तो उस समय का सदुपयोग तो करना ही है। सो इससे पहले कि कोई सहयात्री बातचीत शुरू करे, अच्छा है कि अपना पढ़ना या लिखना शुरू कर दो। वही उस शाम भी किया। पर सीट पर बैठते-बैठते सामने बैठे आदमी की जो झलक दिखाई पड़ी तो लगा यह तो उस्ताद शराफ़त हुसैन ख़ाँ हैं। कनखी से देखा तो वही थे। आगरा घराने के प्रख्यात गायक शराफ़त हुसैन ख़ाँ।

मन में आया मौका रोज-रोज नहीं मिलेगा। छोड़ किताब और शुरू कर दे बातें। फिर लगा पता नहीं ख़ाँ साहब को इस तरह का खलल अच्छा भी लगेगा या नहीं। मन ने कहा हो सकता है वह खुश ही हों। सो खड़े होकर झुक कर आदाब किया ख़ाँ साहब को। कुछ अचकचाते-से ख़ाँ साहब ने वापस आदाब किया और बोले : 'माफ कीजिएगा, आपको पहचाना नहीं।' मैंने कहा : 'आपके मुझे पहचानने की कोई वजह ही नहीं बनती। नाचीज़ को सुधीर कहते हैं। अलीगढ़ मुस्लिम युनिवर्सिटी में मुदर्रिस हूँ।' 'अच्छा, अच्छा', ख़ाँ साहब बोले, 'युनिवर्सिटी में प्रोफेसर हैं आप। तशरीफ़ तो रखिए।'

मैं वापस बैठ गया। ख़ाँ साहब को बताया कि सालों से उनको सुनता रहा हूँ। न जाने कितनी बार रेडियो पर। एक बार जब वह शंकरलाल संगीत सम्मेलन में आए थे। और एक बार इंडिया इंटरनेशनल सेन्टर में, जब वह इसी कालका मेल में कलकत्ता से दिल्ली आए थे और स्टेशन से सीधे गाने के लिए पहुँचे थे। मुझे लगा कि ख़ाँ साहब को यकीन हो गया है कि उनके सामने वाकई कोई मुरीद बैठा है उनका। बस छिड़ गया सिलसिला बातों का।

असल कद्रदान बड़ी तेजी से कम होते जा रहे हैं, ख़ाँ साहब ने शुरू किया बोलना। पहले से कहीं ज्यादा संगीत के कार्यक्रम होते हैं। बड़ी तादाद में लोग आते हैं सुनने। पर सुनने का शऊर घट रहा है। सुननेवालों के पास 'टैम' की कमी है। अब मुमकिन ही नहीं है कि मन के मुताबिक लम्बा आलाप लेकर खयाल के बोल पर आएँ। हाँ, दो जगहें अभी भी बची हैं जहाँ पहले की तरह गाया जा सकता है। कलकत्ता और अहमदाबाद। कद्रदान बचे हैं वहाँ।

सुननेवालों के साथ-साथ संगीतकारों को लेकर भी काफी दुखी थे ख़ाँ साहब। न पहले जैसी लगन थी, न वैसा रियाज़। कुल जमा दस राग–सुबह से रात तक के सिर्फ दस राग–गा-गाकर लोग महफिलों में वाहवाही लूट रहे थे।

अभी तक ख़ाँ साहब ने अपनी कोई बात नहीं की थी। पर यह समझना मुश्किल नहीं था कि उनके अन्दर एक गहरा दुख बैठा हुआ था कि उनकी समुचित कद्र नहीं हुई थी। सिवाय कलकत्ता और अहमदाबाद के। न ही यह समझना मुश्किल था कि केवल दस राग गाकर नाम कमाने की बात एक विशेष गवैए को निशाना बना कर की जा रही थी, बगैर उसका नाम लिए।

मैं उस वक्त भी उस्ताद शराफ़त हुसैन ख़ाँ के निशाने पर आए गवैए का भक्त था। और आज तो मेरा दृढ़ विश्वास है कि आफ़ताब-ए-मौसीकी उस्ताद फ़ैयाज़ ख़ाँ के बाद उन जैसी बहुमुखी प्रतिभा किसी में है तो सिर्फ इस महान गवैए में।

मगर फिर भी मुझे न उस दिन लगा, न उसके बाद कि शराफ़त हुसैन ख़ाँ में कोई ओछापन था। जो था वह एक हैरानगी थी, एक सालता-सा दुख कि जो कलकत्ता और अहमदाबाद ने देखा वह बाकी देश को क्यों नहीं दिखाई दे रहा था।

काबिलियत और शोहरत का पेचीदा आपसी रिश्ता न जाने कितने लोगों की जिन्दगी में विषाद भरता रहा है।

इस बीच खुर्जा निकल चुका था। मैं नहीं चाहता था कि यह मुलाकात बगैर उस्ताद फ़ैयाज़ ख़ाँ पर बात हुए खत्म हो जाए। सो मौका पाकर मैंने कहा : 'ख़ाँ साहब, मेरे वालिद फ़रमाते रहे हैं कि आफ़ताब-ए-मौसीकी और पंडित ओंकारनाथ ठाकुर टक्कर के गवैए थे। वालिद हुजूर ने दोनों को ही बार-बार सुना था। मैं तो छोटा था जब आफ़ताब-ए-मौसीकी जन्नत नशीं हो गए। पर पंडितजी को मैंने 1958 में सुना था। हालाँकि रिकॉर्डिंग और सामने सुनने में

बड़ा फ़र्क होता है, मैं फ़ैयाज़ ख़ाँ साहब की सिर्फ रिकॉर्डिंग सुनने के बावजूद समझ नहीं पाता कि वालिद हुज़ूर क्यों दोनों को बराबर का गवैया मानते हैं। मैं भले ही संगीत न जानूँ, मेरे लिए आफ़ताब-ए-मौसीकी ज्यादा बड़े फ़नकार हैं। आप क्या सोचते हैं?'

छूटते ही ख़ाँ साहब बोले : 'भई, आप तो जानते हैं ख़ाँ साहब मेरे उस्ताद थे। पर यह कभी न सोचिएगा कि मैं अपने उस्ताद के हक में बेवजह बोल रहा हूँ। आपके वालिद साहब को जरूर दोनों टक्कर के गवैए लगते होंगे। लेकिन मेरा मानना है कि ख़ाँ साहब की बराबरी करनेवाला कोई फ़नकार नहीं था। दरअसल ख़ाँ साहब मौसीकी के समन्दर थे। समन्दर।'

फिर थोड़ा रुक कर, मानो एक सम के बाद साँस ले रहे हों, आगे कहने लगे : 'ग़ालिबन आप समझे नहीं होंगे कि मौसीकी के समन्दर से मेरी क्या मुराद है। तो देखिए, ख़ाँ साहब मेरी माँ के दूरदराज के भाई थे। मेरे मामू हुए रिश्ते में। एक बार मेरा कुछ सुन कर मेरी माँ से बोले, बहन इसे मैं ले जाऊँगा अपने साथ। ले गए बड़ौदा। वहीं तालीम दी मुझे। तमाम बातें उस जमाने की याद आ रही हैं। बहरहाल अभी तो बस इतना बता दूँ कि फिर मैंने बड़ौदा छोड़ दिया। कई बार ख़ाँ साहब ने कहा भी बेटा वापस आ जा, पर मैं गया नहीं।'

एक बार फिर शराफ़त हुसैन ख़ाँ बगैर कुछ साफ-साफ कहे बहुत कुछ कह रहे थे। ज़ाहिर है कुछ हुआ था उनके और फ़ैयाज़ ख़ाँ के बीच जिसको वह भूल नहीं पाए थे। उस्ताद के लिए आदर और स्नेह में कमी नहीं थी। पर एक अबोला मलाल भी था। और शायद, बगैर सीधे ऐसा कहे, यह भी जता देना चाहते थे कि जिस उस्ताद के बारे में आगे मुझे बताने जा रहे हैं उसकी आलोचना करने की सामर्थ्य थी उनमें। कि जो मैं सुनने जा रहा हूँ वह झूठी प्रशस्ति नहीं है।

'हाँ, तो मैं आपको बता रहा था', ख़ाँ साहब आगे बढ़े, 'कि मौसीकी के समन्दर से मेरी मुराद क्या है। तो ये किस्सा सुनिए। एक बार फ़ैयाज़ ख़ाँ साहब अतरौली तशरीफ़ लाए। गाँववालों को ख़बर हुई तो कुछ लोग मिलने आए और एक बुजुर्ग ने कहा, 'भैया फ़ैयाज़ ख़ाँ, बड़ौ नाम सुनौ है तुमाऔ। कछु हमेंऊ सुनाऔ।' ख़ाँ साहब ने फ़ौरन जवाब दिया : 'काए नांइ। कल संजा कों है जाइ महफ़िल।' जब गाँववाले चले गए तो मैंने कहा ख़ाँ साहब से कि ये क्या ग़ज़ब कर दिया। इन लोगों को सा और रे का शऊर नहीं है, ये क्या समझेंगे। पर ख़ाँ साहब कहाँ सुननेवाले थे मेरी। सो हुई दूसरे दिन महफ़िल।'

'वैसे मेरे जोर देने से ख़ाँ साहब ने ये मान लिया कि आलाप वग़ैरा न कर के वे सीधे एक छोटा खयाल छेड़ देंगे। पर मैंने अर्ज़ किया ना कि गाँववालों को तो सा और रे का शऊर नहीं, सो क्या असर पड़ता ख़ाँ साहब के छोटे ख़याल का। जल्दी ही ताड़ गए ख़ाँ साहब कि क्या हो रहा है, सो खयाल बन्द कर एक ठुमरी छेड़ दी। फिर वही हाल। तो उसे भी वहीं छोड़ उन्होंने एक ग़ज़ल शुरू कर दी। थोड़ा ही बढ़ पाए थे ख़ाँ साहब ग़ज़ल के साथ कि पहले दिनवाले ही बुजुर्ग बोल बैठे : 'भौत है गई भैया फ़ैयाज़ ख़ाँ। अब चलेंगे हम लोग।' ख़ाँ साहब समझ गए। बोले : 'ऐसैं कैसैं जाओगे आप लोग। कछू नाश्ता-पानी करिकैं जइयो।'

'गाँववालों को रोक मुझसे ख़ाँ साहब ने नाश्ता लगवाने का इशारा किया और तबलची से ठेका लगाने को कहा। फिर एक बन्दिश छेड़ दी उन्होंने। बन्दिश थी : 'मौधू आइ बैठे गोरी के बुलाइबे कूँ।' मौधू का मतलब जानते हैं आप? मूर्ख। बीवी रूठ के पीहर चली गई है, सो मौधू उसको मनाने के लिए आ गए हैं। और रूठी बीवी को खाली हाथ तो आएँगे नहीं मनाने के वास्ते। तो उसके लिए तोहफ़ा भी लाना ही है। सो अब आप सुनिए पूरी बन्दिश जो ख़ाँ साहब ने छेड़ी जब नाश्ते की तैयारी हो रही थी :

मौधू आइ बैठे गोरी के बुलाइबे कूँ।
लहँगा ऊ लाए दुपट्टा ऊ लाए,
नाड़ा न लाए लटकाइबे कूँ।

'अब मैं क्या अर्ज़ करूँ आपसे। क्या समाँ बँधा वहाँ। लोग वाह-वाह करने लगे : 'बा भइया फ़ैयाज़ ख़ाँ, का बात है। नैंक और। नैंक और।' और ख़ाँ साहब थे कि नए-नए अन्दाज में, एक राग से दूसरे राग में घूमते हुए 'कूँ' के सम पर आते और आगे बढ़ जाते। जिनको सा और रे का शऊर नहीं था वे लोग अघा नहीं रहे थे आफ़ताब-ए-मौसीकी के क्लासिकी गाने से।

'ऐसे मौसीकी के समन्दर थे ख़ाँ साहब।'
और ऐसे सच्चे थे उस्ताद शराफ़त हुसैन ख़ाँ।

दिल्ली पहुँचने पर मैं ख़ाँ साहब का शुक्रिया अदा कर खुदा हाफ़िज कहना ही चाह रहा था कि उन्होंने मुझसे कहा : 'मैं आजकल फ़ैयाज़ ख़ाँ साहब के बारे में एक किताब लिख रहा हूँ। आप ख़ाँ साहब की अतरौली वाली महफ़िल के बारे में सुनते हुए जिस तरह हँस रहे थे उसी तरह और चीजें भी होंगी उस

किताब में जो लोगों को हँसाएँगी। पर उसको पढ़ कर लोगों को रोना भी आएगा।'

उस्ताद शराफ़त हुसैन ख़ाँ के भीतर बैठे दुःख की थोड़ी भनक तो मिल गई थी उनकी जिन्दादिली और मस्ती के बावजूद। उस्ताद फ़ैयाज़ ख़ाँ को कौन से दुःखों ने भेदा होगा?

सूरत में कभी मिश्र बन्धु

हस्तियों से मिलने का मुझे कोई शौक नहीं है। असमान सम्बन्ध मुझे दमघोंटू लगते हैं। महत्त्वपूर्ण, प्रभावशाली या जाने-माने व्यक्तियों से रू-ब-रू होते ही जो विचित्र अनिर्वचनीय दीनता कुछ लोगों के चेहरे पर आ जाती है उससे मुझे चिढ़ होती है। पर जब अप्रत्याशित ही किसी हस्ती से स्नेह मिल जाए, मानवीय संवेदना मिल जाए, तो मन प्रफुल्लित हो जाता है। अक्सर ऐसे लोगों की याद आती रहती है। दूसरों को बताने का भी मन होता है।

बात 1991 या '92 की है। मैं सूरत के सेन्टर फॉर सोशल स्टडीज में काम करता था। पैसे से कुछ ज्यादा ही सम्पन्न, पर सांस्कृतिक दृष्टि से खासे पिछड़े इस शहर के चार-पाँच जागरूक नागरिकों ने मिल कर 'स्पिकमैके' की सूरत शहर में शुरुआत की थी ताकि सुर्तियों, विशेषकर नगर के युवाओं, को देश के प्रख्यात कलाकारों को देखने-सुनने का मौका मिले। 'सूरत का भोजन और काशी का मरण' जैसी कहावत को दुहराते रहनेवाले सुर्ती अपनी सांस्कृतिक समृद्धि भी चाहने लगें, ऐसी कामना थी सूरत में स्पिकमैके की शुरुआत करनेवालों की।

संयोग से इसी दौरान मैं सेन्टर फॉर सोशल स्टडीज का निदेशक हो गया। सेन्टर के सीमित साधनों से जो कुछ भी स्पिकमैके के लिए कर सकता था करने लगा।

एक बार हुआ यों कि दिल्ली से पंडित राजन मिश्र और उनके छोटे भाई पंडित साजन मिश्र को आना था और दुर्भाग्य से स्पिकमैके की तरफ से जिस जगह कलाकारों को ठहराया जाता था वह जगह उस दिन के लिए उपलब्ध नहीं थी। सो मैंने कह दिया कि मिश्र बन्धु और उनकी संगत करनेवाले कलाकार सेन्टर में रह जाएँगे।

मैं जानता नहीं, पर अन्दाजा लगा सकता हूँ, कि सूरत स्टेशन से सेन्टर तक आने के दौरान मिश्र बन्धुओं के मन में किस तरह की प्रतिक्रिया हुई होगी। शहर की गन्दगी और भीड़-भड़क्का से जैसे-तैसे निकलने के बाद दूर और देर तक शहर

के बाहर चलने के दौरान उन्हें लगा होगा कि कहाँ फँस गए वे। कि यह यात्रा कभी खत्म भी होगी!

सेन्टर पहुँच कर तो जरूर वे असमंजस में पड़े होंगे कि कहाँ उनको ला पटका है स्पिकमैके वालों ने। चारों तरफ खेत। बीच में दो कतारों में बसा सेन्टर। खपरैल की छतें। प्रसिद्ध आर्किटैक्ट लॉरी बेकर की डिजाइन। निहायत सादा। बाहर की सादगी के टक्कर की ही सादरी अन्दर भी।

दो गाड़ियों में मिश्र बन्धु और उनके संगी कलाकारों का आगमन हुआ। बाहर पोर्टिको में मैंने उनका स्वागत किया। प्रार्थना की कि जितनी देर उन लोगों का सामान उनके कमरों में रखा जाए वे मेरे ऑफिस में पधारें, चाय-शर्बत लें।

हम सब लोग बैठ गए। सलोनी गांधी सामान के साथ चली गईं। उनको मिश्र बन्धुओं की सुख-सुविधा का ध्यान रखने के लिए उनके साथ ही भेजा गया था।

कहीं मेरे मन में था कि मिश्र बन्धुओं को उनके कमरों में ले जाने से पहले उनसे बात कर लेनी चाहिए। सो मैंने कहा : 'पंडितजी, आप लोग हमारे इस तपोवन में पधारे यह हमारे लिए बड़े आनन्द और गौरव की बात है। मेरे लिए यह कहना जरूरी नहीं है, क्योंकि आप स्वयं समझ गए होंगे, कि आप जिस तरह की सुविधाओं के आदी हैं उनका प्रबन्ध हम नहीं कर सकेंगे। पर हम पूरे मन से, श्रद्धा से जो भी सम्भव है करना चाहेंगे आपके लिए। निवेदन है कि हमारे स्नेहपूर्ण आतिथ्य का मान रख लें।'

मुझे ठीक याद नहीं कि पंडित राजन मिश्र ने—पंडित साजन मिश्र लगभग मौन ही रहे और बाद में मैंने जाना कि ज्यादातर वे बड़े भाई पर ही बातचीत का जिम्मा छोड़े रहते हैं—उस समय क्या कहा। पर थोड़ी ही देर में वे मुझे अपने बनारस हिन्दू विश्वविद्यालय में बिताए विद्यार्थी जीवन के बारे में बताने लगे। तभी मुझे पता चला कि उन्होंने सोशियोलॉजी में एमए किया है।

फिर बात सेन्टर पर आ गई और मैंने बताया कि कैसे महाराज सयाजीराव विश्वविद्यालय से सेवानिवृत्ति के बाद प्रसिद्ध समाजशास्त्री प्रोफेसर आईपी देसाई ने अपनी सारी कमाई लगा कर दक्षिण गुजरात जैसे बौद्धिक रूप से पिछड़े इलाके में शोध कार्य को बढ़ावा देने के इरादे से सूरत में सेन्टर फॉर सोशल स्टडीज की स्थापना की। और यह भी कि अब, भले ही यह छोटा हो, सेन्टर की गिनती देश के प्रमुख समाजशास्त्रीय संस्थानों में होने लगी है।

बातों ही बातों में मैंने मिश्र बन्धुओं को यह भी बताया कि सालों पहले मैंने उनको पहली बार दिल्ली के विट्ठलभाई पटेल भवन के सभागार में सुना था।

बातें काफी हो चुकी थीं और मैं परेशान होने लगा था कि कलाकारों का सामान उनके कमरों में रखने के लिए गए सेन्टर के कर्मचारी अभी तक आए क्यों नहीं इन लोगों को ले जाने के लिए। तभी मैंने देखा कि सलोनी मेरे ऑफिस की दहलीज पर आकर रुक गई। बाहर ही खड़े-खड़े उन्होंने पंडित राजन मिश्र से अंग्रेजी में कहा : 'पंडितजी, क्या आप एक मिनट के लिए आने की तकलीफ करेंगे। मुझे आपसे कुछ बात करनी है।' पंडितजी ने वहीं बैठे-बैठे अंग्रेजी में ही जवाब दिया : 'तुम बता दो क्या बात है।'

जाहिर है वे समझ गए थे कि बात क्या हो सकती थी। सलोनी एक क्षण के लिए सकुचाई, फिर उन्होंने अंग्रेजी में कहा : 'पंडितजी आप यहाँ नहीं रहेंगे।' इससे पहले कि मेजबान होने के नाते मैं समझ भी पाऊँ कि क्या होनेवाला है, पंडितजी जवाब दे चुके थे, अंग्रेजी में ही : 'सलोनी, हम यहीं रुकेंगे।'

दोनों भाई–प्रसिद्ध गवैये राजन-साजन मिश्र–और उनके साथी कलाकार वहीं रुके। खपरैल की छत के नीचे। उस तपोवन में जहाँ कभी भी, खासतौर से रात में, बिजली जा सकती थी, और आपका सामना किसी जहरीले साँप–कोबरा, रसैल्स वाइपर–से हो सकता था।

शाम को स्पिकमैके के तत्वावधान में उनका गायन हुआ। रेल यात्रा की थकान या सेन्टर में रहने की किसी असुविधा का कोई निशान नहीं था गायन पर। उन्मुक्त और आनन्दित, सम्मोहक और आनन्दकारी। लोगों ने फरमाइशें कीं। वे पूरी हुईं।

रात जवाहर पटेल के घर भोजन हुआ। मन से साहित्यकार और पेशे से वास्तुकार जवाहर पटेल उन गिने-चुने लोगों में हैं, जिनके प्रयास से स्पिकमैके सूरत में शुरू हुआ। भोजन के दौरान मिश्र बन्धुओं से–वहाँ साजन मिश्र भी अपने मौन से बाहर निकल आए थे–न सिर्फ संगीत और संगीतज्ञों पर, बल्कि देश की विविध समस्याओं पर देर रात तक चर्चा होती रही। तब समझ में आया कि दोनों भाई कितने सचेत और जागरूक हैं।

दूसरे दिन सेन्टर को सूना कर मिश्र बन्धु और दूसरे कलाकार गुजरात में अपने अगले कार्यक्रम के लिए रवाना हो गए।

जिस तरह दोनों भाई रहे सेन्टर में, उससे इतना विश्वास तो हो गया था कि वे किसी झूठे शिष्टाचार के चक्कर में वहाँ नहीं रुके थे। पढ़ने-पढ़ानेवालों के लिए और अपने कद्रदानों के लिए वाकई उनके मन में कोई सच्चा अपनापे का भाव था। फिर भी मुझे लगा कि एक दिन के अपने सम्बन्ध को जबरदस्ती बढ़ाने की कोशिश नहीं करनी चाहिए। सो, दिल्ली आने पर, और अब दिल्ली में रहते हुए, कभी उनसे सम्पर्क स्थापित नहीं किया।

कई बार सलोनी और जवाहर ने, सूरत में मिश्र बन्धुओं के आने के बाद, बताया कि पंडितजी पूछ रहे थे तुम्हारे बारे में। सो यकीन हो गया कि भूले नहीं हैं वे।

और इस यकीन की वजह से तीन बार उनके गायन के बाद, जहाँ मौजूद था मैं उनको सुनने के लिए, मैंने फैसला किया कि उनसे मिल लेना चाहिए। पहला मौका था दिल्ली के पुराने किले में, दूसरा लन्दन में और तीसरा पिछले ही साल एडिनबरा में। तीनों ही बार जिस खुलूस से 'अरे डॉक्टर साहब आप कहाँ' कह कर राजन मिश्र ने मुझे पुकारा—मैं कुछ कह सकूँ उससे पहले—और साजन मिश्र ने अपने मौन स्नेह से मुझे निहारा, मुझे लगा है मैं कितना खुशकिस्मत हूँ कि ऐसे अच्छे लोग मुझे बिना कोई जतन किए मिल गए।

इन अच्छे लोगों की हमारे जीवन और हमारे समाज में कीमत का अहसास, उनके होने भर से पैदा हुई कृतज्ञता का अहसास, तब और बढ़ जाता है जब इनसे विपरीत अनुभवों की तल्खी हमें दुखी करने लगती है।

ऐसे ही एक विपरीत अनुभव से इस प्रसंग को खत्म करना चाहता हूँ।

सूरत स्पिकमैके के उन प्रारम्भिक दिनों में ही एक अति प्रतिष्ठित कलाकार का वादन चल रहा था। अपनी समझ से यथेष्ट बजा लेने के बाद जब उन्होंने अपना कार्यक्रम समाप्त कर दिया तो कुछ श्रोताओं ने इसरार किया थोड़ा और सुनाने का। उनका दो-टूक जवाब था, जिसमें मन से मैं कुछ नहीं जोड़ रहा : 'अब स्पिकमैके में तो आपको बस बानगी ही मिल सकती है। लम्बा सुनना है तो अलग से बुलाइए।' अलग से बुलाइए मतलब पूरी फीस देकर बुलाइए। खुश रहिए जो मुफ्त में इतना मिल गया।

फिर समलैंगिकता

समलैंगिकता के बुनियादी हक के भरपूर समर्थन में मैं पहले ही लिख चुका हूँ। उस वक्त जब दिल्ली उच्च न्यायालय में इस मामले पर सुनवाई चल रही थी। सुनवाई के दौरान अनुमान करना कठिन था कि न्यायालय का निर्णय किस दिशा में जाएगा। कई बार तो बेंच से आई टिप्पणियों से ऐसी आशंका भी हुई कि धारा 377 सुरक्षित बनी रह जाएगी। पर हर अच्छे निष्पक्ष न्यायालय का एक महत्त्वपूर्ण लक्षण–दायित्व–यह है कि हर पक्ष की पहले निष्ठुर जाँच की जाए और उसके बाद ही कोई निर्णय किया जाए। ऐसा ही समलैंगिकता के मामले में न्यायमूर्ति शाह और न्यायमूर्ति मुरलीधर ने किया। इसी कारण उनका निर्णय इतना संयत, तर्कसम्मत और विवेकपूर्ण है।

पर उनके ऐतिहासिक फैसले के ये गुण कोई गारंटी नहीं हैं कि देश के दूसरे उच्च न्यायालय भी वयस्कों के ऐच्छिक और निजी ठौर की अन्तरंगता में निभाए गए समलैंगिक क्रिया-कलापों को वैध ही ठहराएँगे। न्याय की आधुनिक अवधारणा के आधार स्तम्भों में एक है यह प्रवंचना कि राज्य ने एक विधान बना दिया है और न्यायालयों में उसका वस्तुपरक पालन होता है। मैं व्यवहार की नहीं, आदर्श की बात कर रहा हूँ। उस स्थिति की, जहाँ न्यायकर्ता ईमानदार और योग्य हैं, पक्षपात करना उनकी फितरत में है ही नहीं। ऐसी स्थिति में भी यह सम्भव नहीं है कि हर न्यायकर्ता दिए गए विधान का एक ही अर्थ निकाले। एक ऐसा वस्तुपरक अर्थ, जो सदैव विधान की इबारत में वैसा-का-वैसा निहित रहता है। अपने आप में अपनी व्याख्या लिए। न्यायकर्ता को सदैव निर्देशित करता हुआ।

होता तो नहीं वैसा। विधान की वही एक इबारत काल, पात्र और स्थान के प्रभाव में अलग-अलग तरह से पढ़ ली जाती है। कोई भी इबारत स्थिर और एकार्थी नहीं हो सकती। देश के दूसरे उच्च न्यायालयों को छोड़ दीजिए, बहुत सम्भव है, अगर समलैंगिकता का यह मामला दिल्ली उच्च न्यायालय में

न्यायमूर्ति शाह और न्यायमूर्ति मुरलीधर के बजाय किन्हीं दूसरे दो न्यायाधीशों के समक्ष आया होता तो दिल्ली उच्च न्यायालय से ही कोई और फैसला आया होता।

मतलब यह कि जो ऐतिहासिक फैसला अभी आया है उसका पूरा फायदा उठाने के साथ-साथ आगे के लिए तैयार भी रहना है। इस दृष्टि से यह अच्छा ही है कि समलैंगिकता के समर्थकों–जिनमें तमाम तथाकथित 'सामान्य' भी हैं– ने बगैर किसी अपवाद के यह कहा और महसूस किया है कि यह केवल शुरुआत है एक लम्बे और कठिन संघर्ष की।

अच्छा होगा अगर वे गलत साबित हों, पर आसार फिलहाल डरावने हैं। पिछले बीस सालों में तेजी से बिगड़ रहे साम्प्रदायिक वातावरण में आज अचानक हिन्दू, मुसलमान और ईसाइयों के स्वघोषित धार्मिक-साम्प्रदायिक नेता एकजुट होकर इस फैसले के खिलाफ सर्वोच्च न्यायालय में अपील दायर करने की योजना बना रहे हैं। भारतीय संस्कृति–मिजाज–की ऐसी घोर अवमानना उन्हें स्वीकार नहीं है। कह रहे हैं कि भारत जैसे धर्म-बहुल राष्ट्र में इस तरह की ऐच्छिक काम-क्रिया को कानूनी मान्यता देना ठीक नहीं है।

उल्लेखनीय है कि धार्मिक बहुलता को आधार बना कर समलैंगिकता की कानूनी मान्यता का विरोध करनेवालों में प्रमुख हैं दारुल उलूम, जमात-ए-इस्लामी हिन्द और आल इंडिया मुस्लिम पर्सनल लॉ बोर्ड। चूँकि इस समय मामला भारतीय दंड संहिता का फँस गया है–जहाँ केवल मुसलमानों की तरफ से कोई कानूनी दावा नहीं किया जा सकता, जैसा कि शाहबानो जैसे मामलों में किया जाता रहा है– इशारा यह किया जा रहा है कि भारतीय राज्य को ऐसा कुछ नहीं करना चाहिए, जिससे किसी धर्म विशेष को आघात लगे।

यह, ऐसा लगता है, घमासान की तैयारी है। रणनीतियाँ तैयार हो रही हैं। अगर सब सम्प्रदायों और धर्मों का एक संयुक्त मोर्चा बन सके तो कहने ही क्या हैं, पर वैसा न हो पाने पर हथियार डाले नहीं जाएँगे। उस स्थिति में संघर्ष की तार्किक वैधता और नैतिक अपरिहार्यता भिन्न होंगी।

चूँकि, दुर्भाग्य से, हमारे यहाँ किसी एक सम्प्रदाय की बात हो तो उसी सम्प्रदाय के लोगों की विश्वसनीयता ज्यादा बनती है, इससे पहले कि दारुल उलूम और मुस्लिम पर्सनल लॉ बोर्ड जैसी संस्थाएँ अपनी मुहिम तेज करें, ऐसे मुसलमानों को मुखर हो जाना चाहिए, जो इस उभरते खतरे को पहचान रहे हैं।

पर खतरा किसी सम्प्रदाय विशेष तक सीमित नहीं है। समलैंगिकता को लेकर कैसी आक्रामक उत्तेजना फूट पड़ी है, इसका सही अन्दाजा मुझे न हो पाता अगर

मैंने उस दिन टीवी के एक हिन्दी चैनल पर बाबा रामदेव को बोलते न देखा-सुना होता। शुरू में हरचन्द अपने को संयत रखने और भारतीय संविधान के हवाले अपनी बात कहने की नाकाम कोशिश के बाद, अपने से ही पराजित होकर बाबा बुरी तरह से आपे से बाहर हो गए। कहने लगे–"मेरे बाप, मेरे भाई" आदि सम्बोधनों के साथ–कि वे उस तरह की भाषा बोलना नहीं चाहते, पर कहना पड़ रहा है कि ये होमो सेक्सुअल जो करते हैं वह तो गू करने का स्थान है। तो यह तो गू खाने की तरह है। कल कुत्ता बिल्ली से सम्भोग करेंगे। समाज का क्या होगा? प्रजनन कैसे होगा? आदि।

मुझे नहीं लगता कि रामदेव जी का कोप केवल उनका निजी है। वह बहुतों का कोप है। उनकी आक्रामकता भी प्रतिनिधि आक्रामकता है। ऐसे आक्रामक कोप को शान्त करना और जिस मानसिकता से यह उपजता है, उस मानसिकता को बदलना बड़ा ही दुष्कर कार्य है। वह किसी पलटवार से काबू में आनेवाली नहीं। तर्क भी उस पर धीरे-धीरे ही असर कर सकता है।

यह एक ऐसी मानसिकता है जो कुछ चीजों को तो सिरे से नहीं देख पाती और कुछ दूसरी चीजों को अपने देखने में बेहिसाब बढ़ा-चढ़ा देती है। और उसे पता तक नहीं होता अपने देखने-अनदेखने की इस भ्रान्तिकारी प्रक्रिया का।

अब सभी तो रामदेव की तरह भावान्ध हैं नहीं समलैंगिकता के मामले में। काफी लोग इस नाजुक मामले को समझना भी चाह रहे हैं। सो, इसको लेकर तार्किक बातचीत बिलकुल बेमानी तो हो नहीं सकती।

उदाहरण के लिए प्रजननवाला तर्क ले लें। इस तर्क को ऐसे पेश किया जाता है मानो मानव जाति लुप्त हो जाएगी अगर समलैंगिकता को वैध करार कर दिया गया। अचरज होता है कि इस तरह बात करनेवाले क्या नहीं जानते कि मानव समाज में स्त्री-पुरुष की कुल जमा काम-क्रीड़ा का एक न गिना जा सकनेवाला दशमलवांश भर प्रजनन में परिणत होता है। प्रधानतया स्त्री-पुरुष की रति का लक्ष्य आनन्द होता है। और, प्रधानतया, वही उसका वांछित फल। इस फल प्राप्ति के दौरान एक पूरा प्रयास रहता है कि गलती से कहीं दूसरा फल न आ जाए। आ जाए तो नष्ट करना चाहते हैं उस अवांछित फल को।

समलैंगिक काम के कारण, लक्ष्य और फल–आनन्द और प्रेम–के प्रति पक्की लापरवाही और उसकी एक 'फलहीनता' के प्रति ऐसा प्रकोप मतान्धों के लिए गर्व का विषय हो सकता है, सोचने-समझनेवाले संवेदनशीलों के लिए नहीं।

प्रजनन कोई अनिवार्य नैतिक, सामाजिक या संवैधानिक दायित्व तो है नहीं, जिसके न निभाए जाने पर दंड दिया जाए या भर्त्सना की जाए। समलैंगिक स्त्री और पुरुष प्रजनन से अपने को मुक्त रखना चाहें–जो सदा होता नहीं, क्योंकि उनमें से कुछ–सम्भवतः काफी–विवाह कर सन्तानोत्पत्ति भी करते हैं–तो उनकी मर्जी। वैसे भी हमारी समस्या प्रजनन की बढ़ोतरी नहीं उसका नियन्त्रण है। इसलिए हमारे समलैंगिक देश का कल्याण ही करेंगे प्रजनन न करके।

इसके अलावा कितने आधुनिक दम्पती हैं जो विवाह करते ही हैं सन्तानहीन रहने की नीयत से। उनको तो नहीं विवश किया जाता कि मानव जाति को बनाए रखने में अपना योगदान दें। न ही उन स्त्रियों और पुरुषों की तरफ किसी की कोई नैतिक उँगली उठती है जो विवाह के बन्धन से दूर रह कर स्वच्छन्द जिन्दगी बिताते हैं। और उनका क्या जो–गरीबी, दहेज प्रथा, विषम लिंग अनुपात जैसी वजहों से–चाहते हुए भी विवाह नहीं कर पाते?

समलैंगिकता के विरुद्ध प्रजननाभाव के आधार पर फट पड़नेवाले नैतिक आक्रोश से प्रभावित होते समय हम इतने सचेत तो रह ही सकते हैं कि सोचें कि ऐसा ही भावावेश ऐसी ही दूसरी स्थितियों में क्यों नहीं होता। और एक बार यह सोचना शुरू हो गया तो समलैंगिकता के खिलाफ दिए जानेवाले दूसरे तर्कों की भी असलियत खुलने लगेगी।

पर जब तक उस तरह का सोच विकसित नहीं होने लगता, हम इतना तो कर ही सकते हैं कि दूसरों की इच्छाओं और जरूरतों की स्वाभाविकता को इसलिए मान लें कि वे भी हमारे जैसे इनसानों की इच्छाएँ और जरूरतें हैं। केवल जियो और जीने दो के धर्म से। बाकी बातें धीरे-धीरे साफ होती जाएँगी। साफ नहीं भी होंगी तो भी जियो और जीने दो की सामान्य मानवीयता तो रहेगी ही।

फैंथम साहब

अक्सर मन में आता है कि दो चीजें करने की आदत पड़ जाए तो हम जो हैं उससे थोड़ा बेहतर बन सकते हैं और अपने बिगड़ते वक्त को भी थोड़ा बेहतर बना सकते हैं। एक तो कभी-कभार अपने खुद के ऐसे किए-धरे-सोचे को याद कर लें जो ऐसा था कि किसी और को बताना तो दूर अपने ही चेतन से निष्कासित किए रहते हैं। दूसरे, कभी-कभार अपने जीवन में आए ऐसे असामान्य, असाधारण 'साधारण' व्यक्तियों को याद कर लें जिनका इस बिगड़ते वक्त में होना ही एक चमत्कार है।

हममें से ऐसा सिद्ध तो शायद कोई हो नहीं जिसका सारा किया और सोचा पाक हो, और न ही ऐसा भाग्यहीन जिसने किसी 'सामान्य' विस्मयकारी व्यक्ति को जाना न हो।

जिन्दगी ने मुमकिन है मेरे साथ ज्यादा ही पक्षपात किया हो, मैंने ऐसे कई अद्‌भुत व्यक्तियों को नजदीक से जाना है। फैंथम साहब ऐसे ही विलक्षण, लगभग रहस्यमय व्यक्ति हैं।

आज से पचास साल पहले, 1961 में, मेरे पिता का तबादला मुजफ्फरनगर हो गया। एमए कर, पर भविष्य के बारे में अनिश्चित, मैं उन्हीं के साथ रहने लगा। छोटा, सुन्दर, शान्त शहर था मुजफ्फरनगर उस समय। स्थानीय एसडी कॉलेज में बहुत ही अच्छे अध्यापक थे जो अच्छे खिलाड़ी भी थे। याद नहीं कैसे, पर उनसे जान-पहचान हो गई और उन्होंने अपने छोटे भाई की तरह अपना लिया मुझे। रोज शाम को मौसम के अनुसार हम क्रिकेट, टेनिस, बैडमिंटन खेलते। क्रिकेट की तो टीम ही बन गई और बाकायदा मैच खेले जाने लगे। मित्तल साहब, थापर साहब, अग्रवाल साहब जैसे उन मित्रों-भाइयों को, उनके स्नेह और खुलूस को, याद करते वक्त भी आँखें भर जाती हैं।

वहीं, मुजफ्फरनगर पहुँचने के शुरू के दिनों में ही, आए दिन एक व्यक्ति पैदल चलता दिखाई दे जाता। मझोला कद, गोरा रंग, चमकता गंजा सिर, गझिन

दाढ़ी, सुन्दर नाक-नक्श। ऐसी चुम्बकीय छवि कि पास जाने, जानने की इच्छा दबाए न दबे। पूछने पर पता चला कि यह मिस्टर एफएस फैंथम है। एडिशनल डिस्ट्रिक्ट मैजिस्ट्रेट (जुडीशियल) हैं और एसडी कॉलेज में, सुबह कचहरी जाने से पहले, स्नातकोत्तर कक्षाओं में शौकिया अंग्रेजी साहित्य पढ़ाते हैं। यह भी पता चला कि अंग्रेजी साहित्य ही नहीं, अनेक विषयों में गहरी पैठ है उनकी। घर में कभी ताला नहीं लगाते, शहर से बाहर जा रहे हों तब भी नहीं, और जब जो चाहे उनसे मिल सकता है।

एडीएम (जे) का मतलब हुआ कि मिस्टर फैंथम मेरे पिता के 'इमीडिएट बॉस' थे। पर मैं उनसे अपने पिता के जरिए नहीं मिलना चाहता था। जल्दी ही जरूरत भी पड़ गई—या बहाना मिल गया—उनसे मिलने का। मैं हिन्दुओं में 'इनसैस्ट'—निषिद्ध सम्भोग—के मसले पर एक लेख लिख रहा था। मसला पेचीदा था और इसके व्यापक ऐतिहासिक सन्दर्भ को समझना जरूरी था। सो हिम्मत कर पहुँच लिया फैंथम साहब के घर। अपना नाम और आने का प्रयोजन बताया। फैंथम साहब ने तत्काल बोलना शुरू कर दिया। लम्बा लेक्चर मानव इतिहास में 'इनसैस्ट' के उद्‌भव और विकास पर। अन्त में दो किताबें दीं मुझे पढ़ने के लिए। एक उपन्यास प्राचीन मिस्र में राजाओं का अपनी बहन से होनेवाले विवाह के विषय पर और फ्रेजर का 'द गोल्डन बाउ'। ऐसी महत्त्वपूर्ण और मूल्यवान पुस्तकें दे दीं बगैर जाने कि मैं कौन हूँ, कहाँ रहता हूँ।

इस तरह सिलसिला शुरू हुआ मेरे फैंथम साहब के सम्पर्क में आने का। कुछ ही दिनों बाद उन्होंने एक 'स्टडीग्रुप' शुरू कर दिया जिसमें हर हफ्ते हम लोग मिलते और कोई एक सदस्य अपना पर्चा पढ़ता और उस पर जो बहस होती उसमें खास ध्यान इस बात का रखा जाता कि दिखावटी शिष्टाचार हमारे बोलने को प्रभावित न करे।

फिर कुछ ऐसा हुआ कि फैंथम साहब—अब वह मेरे 'अंकल फैंथम' हो गए थे—के साथ उनके घर में रहने का मौका मिला। काफी कुछ जाना उनके बारे में। उनसे बातें कर के और नजदीक से उनको देख कर।

घर में कभी ताला न लगाने का जिक्र छिड़ गया एक दिन। उन्होंने बताया कि कभी भी उनके घर से कोई चीज गायब नहीं हुई जब से घर खुला छोड़ने लगे वह। फिर बताया कि एक बार उनकी बदली देहरादून कर दी गई और वहाँ उन्हें चकराता तहसील का जिम्मा दिया गया। अपने इलाके का दौरा करते-करते वह जानसार बाबर भी गए। यहाँ बहुपति—'द्रौपदी'—प्रथा माननेवाले गाँवों में उन्होंने पाया कि किसी भी घर में ताला नहीं लगाया जाता। उनको लगा कि अपने को

'सभ्य' माननेवाले हम लोग कम-से-कम परस्पर इतना विश्वास तो कर ही सकते हैं कि अपने-अपने घरों को खुला छोड़ने लगें और तभी उन्होंने फैसला कर लिया कि ताला वह छुएँगे नहीं।

कहना न होगा कि अंकल फैंथम ईमानदारी की जो भी कड़ी से कड़ी परिभाषा हो सकती है उस पर खरे उतरनेवाले व्यक्ति थे। उनके दो सरकारी चपरासियों में से एक को भी कभी किसी ने उनके घर पर आते नहीं देखा। जबकि उस वक्त—शायद आज भी—यह आम बात थी कि दफ्तर शुरू होने से पहले एक और दफ्तर बन्द होने के बाद दूसरा चपरासी साहब के घर पर जाकर काम करे।

अपने पद का अपने किसी काम के लिए उल्लेख करना भी अंकल फैंथम के लिए बेईमानी की परिधि में आता था। एक बार देर रात मेरठ रेलवे स्टेशन से पैदल चल कर वह अपने निवास स्थल की ओर जा रहे थे। रास्ते में एक पुलिस के सिपाही ने उन्हें पकड़ लिया। बताने पर भी नहीं माना कि वह घर जा रहे हैं। हो सकता है कि कुछ पैसा बनाने की इच्छा रही हो उसकी। जो इन्हें देना नहीं था। सो उसने इन्हें पुलिस चौकी में बन्द कर दिया 'बम्बई एक्ट' के तहत। सुबह जब चौकी का एएसआई आया तो घबरा गया एडीएम साहब को हवालात में देख कर। फैंथम साहब ने कोई शिकायत नहीं की सिपाही की। मुस्कराते हुए निकल गए पुलिस चौकी से।

ईमानदारी अंकल फैंथम का स्वभाव थी। इसको लेकर उनके मन में अपनी अतिरिक्त श्रेष्ठता जैसा कोई भाव नहीं था। न ही कोई शहीदाना अन्दाज था उनका। वह जैसे थे वैसे थे। दूसरे कैसे थे इससे उन्हें कोई फर्क नहीं पड़ता था। यहाँ तक कि जो उनके मातहत थे उनसे भी उनको कोई विशेष अपेक्षा नहीं रहती थी। उन्हें नहीं किसी से कहना था कि चपरासियों का काम दफ्तर में पूरा हो जाता है, उनसे घर का काम करवाना गलत है।

ईमानदारी, सच्चाई और नैतिकता के अंकल फैंथम के अपने मापदंड थे। बहुत ऊँचे और ऐसे कि स्थापित न्याय व्यवस्था से ही उनकी टकराहट हो जाए। अदालत में जिस तरह मुकदमे पेश होते थे और गवाहियों का जो प्रपंच रचा जाता था—हम सभी यह जानते हैं—उसमें आए दिन अंकल फैंथम पाते थे कि अगर कानून की हद में रह कर उन्होंने फैसला किया तो अन्याय होगा। और कानून से विवश होकर भी न्याय की अवहेलना उनको मंजूर नहीं थी। सो अक्सर उन्हें तरीके निकालने पड़ते थे अपनी अदालत में वकीलों, पुलिस और गवाहों की धोखाधड़ी को निरस्त करने के।

कभी-कभी तो वह न्याय के लिए कानून से हट भी जाते थे। एक बार उनके एक ऐसे ही फैसले के खिलाफ हुई अपील इलाहाबाद उच्च न्यायालय तक पहुँच गई। कानून की दृष्टि से फैसला गलत था। उच्च न्यायालय ने बाकायदा भर्त्सना की फैंथम साहब के फैसले की और चेतावनी दी उन्हें भविष्य में सतर्क रहने की।

इस घटना की—अपने इस अपमान की—बात वह जब भी करते थे तो उनका दुःख झलक जाता था। एक तल्खी भी उनके अन्दर आ गई थी जो कभी-कभार मुकदमों की सुनवाई के दौरान दिखाई पड़ जाती थी। एक दिन, जब मैं उनके साथ रह रहा था, मुझे किसी वजह से उनकी अदालत में जाने की जरूरत पड़ गई। मैं एक कोने में खड़ा इन्तजार करने लगा कि उस समय चल रही सुनवाई खतम हो तो मैं उनसे बात कर लूँ। उसी वक्त एक पक्ष का वकील उनसे कह बैठा : ''सर यू आर हियर टू डिसपैंस जस्टिस।'' इससे पहले कि वह आगे कुछ बोल सके, अंकल फैंथम ने उससे कहा : ''नो, आई एम नॉट हियर टू डिसपैंस जस्टिस; आई एम हियर टू एडमिनिस्टर द लॉ!''

पर, और सब जानते थे, यह कोरा व्यंग्य था। उच्च न्यायालय से मिले अपमान का जवाब। एक मामूली एडीएम द्वारा न्याय के बरक्स कानून की चिन्ता करनेवाले उच्च न्यायालय का प्रतिकार।

पहले की तरह दुस्साहस करते हुए भले न सही, अंकल फैंथम अवकाश प्राप्ति के दिन तक हर चन्द कोशिश करते रहे कि कानून को अपनी कचहरी में न्याय पर हावी न होने दें।

पिछले साल एक पार्टी में एक सज्जन से मुलाकात हुई। उत्तर प्रदेश सरकार के प्रमुख सचिव रह चुके थे वह। मैं उनसे उनके प्रशासनिक अनुभव की बातें करने लगा। बहुत कुछ बताया उन्होंने। बातों के दौरान कहने लगे कि एक आदमी को वह अपना गुरु मानते हैं। मैंने पूछा : ''कौन है वह?'' बोले : ''एफएस फैंथम। आपने नाम भी नहीं सुना होगा इस शख्स का।'' इसके बाद हम देर तक उसी अद्‌भुत शख्स की बात करते रहे।

कितनी छोटी-छोटी बड़ी बातें

बहुत सारी बातें याद आ रही हैं। अपनी जिन्दगी की। पल भर में आपको भी याद आने लगेंगी। अपनी जिन्दगी की। कुछ है हम सब के अन्दर, अभी भी बचा हुआ, कुछ बहुत अच्छा, जो तेजी से खुदगर्ज होते इस जमाने में भी अचानक उभर आता है। थोड़ी देर के लिए ही सही, हमें आह्लादित कर जाता है। और गाहे-बगाहे जब भी उसकी याद आती है तो मन फिर हरा हो जाता है।

तो शुरू कहाँ से करूँ? देश से या विदेश से? हाल से या पहले से?

फकत एक हफ्ता पहले की बात है। इसी महानगरी दिल्ली की। जहाँ सब जल्दी में रहते हैं। सदा समयाभाव से पीड़ित। पटपड़गंज और मयूर विहार को बाँटनेवाली सड़क पर यू-टर्न करने के लिए ट्रैफिक लाइट के हरे होने का इन्तजार कर रहा था। बत्ती के हरे होने पर जैसे ही मैंने अपनी मारुति एस्टीम मोड़ी कि अचानक इंजन बन्द हो गया। हड़बड़ाकर ब्रेक पर पैर दबाया तो वह मानो जड़ हो गया हो। आखिरकार पावर ब्रेक जो ठहरा! भाग्य से गाड़ी रफ्तार में नहीं थी और हैंडब्रेक को मैं हड़बड़ाहट में भूल नहीं पाया था। सड़क किनारे गाड़ी लगा कर झपझप करनेवाली पीली बत्तियाँ जला दीं ताकि लोग समझ जाएँ कि यह गाड़ी हिलनेवाली नहीं है। हर चन्द कोशिश कर ली, पर इंजन ने साँस न ली।

थोड़ी ही देर मेरी परेशानी चली थी कि मेरी गाड़ी से जरा आगे एक मोटरसाइकिल रुकी। उस पर पीछे बैठा भरे बदन का एक युवक मेरी तरफ आकर बोला : "क्या परेशानी है अंकल?" वह जल्दी ही समझ गया कि गाड़ी को कारीगर की जरूरत है। पर गाड़ी कुछ इस तरह खड़ी थी कि पहले उसे पीछे ले जाना था और फिर बाईं तरफ मोड़ कर पास के ही मयूर विहार के बाजार तक धक्का देना था। मैं समझ नहीं पा रहा था कि कैसे गाड़ी में बैठूँ और एक अजनबी युवक को तकलीफ दूँ। सो, मैंने उससे कहा कि वह गाड़ी में बैठ जाए और मैं उसके बताए रास्ते पर धक्का लगाता चलूँगा। पर वह न माना। उस सड़क पर ट्रैफिक इतना व्यस्त और तेज था कि धक्का लगाना खासा दुश्वार था। ब्रेक अलग

परेशान कर रहा था। एक बार तो जब वह भला लड़का सामने से गाड़ी को पीछे की तरफ धकेल रहा था तो तेजी से मुड़ती हुई एक डीटीसी बस से टक्कर होते-होते बच गई और बस का ड्राइवर उस लड़के पर बरसने लगा।

गाड़ी कारीगर तक पहुँच गई। लड़के का साथी मोटरसाइकिल लेकर आ ही गया था वहाँ। मैं समझ नहीं पा रहा था कि किस तरह मैं लड़के को अपने द्रवित मन का हाल बताऊँ। कितना बड़ा उपकार किया था उसने। एक ऐसा उपकार जो उस रात को मेरी मुसीबत से कहीं आगे जाता है। तेजी से गहराते बेगानगी के आलम में अप्रत्याशित ही अपनापे का स्पर्श करा जाता है।

मैं मानना चाहता हूँ कि मेरी दाहिनी हथेली ने विदा लेते-लेते उसके बाएँ कन्धे से जो कहने की कोशिश की थी उसे वह युवक समझ गया होगा।

एक अजीब खयाल मेरे मन में आता है। मुझे नहीं लगता कि मैं कहीं इस लड़के से फिर टकरा जाऊँ तो उसे पहचान सकूँगा। हो सकता है कि मिलने पर वह मुझे पहचान जाए। अब फर्ज करें कि हम दोनों कहीं टकराते हैं और ऐसी स्थिति पैदा होती है, जिसमें मैं उस पर उबल पड़ता हूँ। अपने मन में आश्वस्त कि मैं सही ही उबल रहा हूँ, पर न जानते हुए कि वह कौन है। ऐसे में क्या सोचेगा वह मेरे बारे में? क्या ऐसा होने के बाद भी वह मुसीबत में फँसे अजनबियों की मदद करता रहेगा?

और जब यह अजीब खयाल आ गया मन में तो कितना कुछ और सोचना जरूरी हो जाता है मेरे लिए? उपकार मानना और उसको याद कर द्रवित हो जाना तो काफी आसान है। कठिन है उपकार के प्रतिकार के रूप में सतत ऐसा आचरण कि दूसरे को हमसे ठेस ही न पहुँचे। मसलन, उस युवक के उपकार को याद कर क्या मैं अपने आप से यह वादा कर सकता हूँ कि भविष्य में अगर कोई वाहन चालक जाने या अनजाने में मेरे लिए परेशानी पैदा कर देता है तो मैं संयम से काम लूँगा और 'रोड रेज' का शिकार नहीं बन जाऊँगा।

सच बोलूँगा। मैं यह वादा करना चाहूँगा अपने आप से। और कुछ नहीं तो इसी अन्देशे से कि कहीं मैं उस परोपकारी युवक को ठेस न पहुँचा दूँ अनजाने में। पर मुझे विश्वास न होगा अपने वादे पर।

बात से बात निकल कर कहाँ ले आई? क्या हो गया है कि उन्मुक्त तरीके से अच्छाई की बात भी देर तक नहीं हो पाती?

तो फिर वापस अच्छाई पर। और उसी मारुति एस्टीम पर भी। परसों देर रात निजामुद्दीन से घर आना था। गाड़ी में मस्ती से बैठ कर चाभी घुमाई तो इंजन बिलकुल सुन्न। समझ में आ गया कि धक्के के बगैर काम नहीं बनने का। पर

देर रात का वक्त और निजामुद्दीन जैसी अमीरों की बसाहत। कोई आस नहीं। इतने में देखा गाड़ी के अन्दर के शीशे से कि जंजीर में बँधे एक छोटे सफेद कुत्ते को घुमाता एक आदमी चला जा रहा है। मन में मनाया कि कुत्ते का मालिक न हो, मालिक के यहाँ काम करनेवाला हो। कुछ है हमारे यहाँ पढ़े-लिखे सम्भ्रान्त वर्ग की विशेषता कि जहाँ शारीरिक श्रम का चक्कर फँसा हो वहाँ सहायता की प्रार्थना नहीं की जा सकती। हाँ, ऐसी स्थिति में दूसरा अपनी इच्छा से मदद कर दे तो बात अलग है। जैसे कि उस युवक ने की थी।

पास आने पर समझ में आया कि कुत्तेवाले से मदद की विनती की जा सकती है। सो, बहुत माफी माँगते हुए उस व्यक्ति से प्रार्थना की कि मेरी खातिर तकलीफ उठा ले कृपा करके। वह सहर्ष तैयार भी हो गया। दो बार धक्का लगाने पर भी काम नहीं बना तो मेरा अपराधबोध और बढ़ा। उधर उस आदमी ने गाड़ी छोड़ कुत्ते को सड़क के किनारे बाँध दिया और पूरे जोर से एक बार और धक्का देने को तैयार हो गया। इस बार गाड़ी चालू हो गई।

मुझे डर था कि कहीं इंजन बन्द न हो जाए। सो, मैं थोड़ी दूर तक गाड़ी चला कर ले गया। इस बीच नेकी कर नदी में डालवाले अन्दाज में, यह महाशय कुत्ते को खोल विपरीत दिशा में चल दिए थे। मैंने उन्हें वापस जाते देख गाड़ी उलटी घुमाई, उनके पास जाकर रोकी और बगैर इंजन बन्द किए तहे दिल से उनका शुक्रिया अदा किया। वे सिर्फ इतना बोले, "ठीक है, अब आप जाइए न।"

शायद वह महाशय मेरी पशोपेश ताड़ गए थे। मैं चाह रहा था उतर कर उनको कुछ पैसे दे दूँ। पर डर लग रहा था कि कहीं उनकी खुद्दारी पर चोट न कर दूँ। उनकी बात सुन कर जो थोड़ी-बहुत हिम्मत थी शुक्राना देने की वह जाती रही। मैं घर की ओर चल दिया, पर अब भी समझ नहीं पा रहा था कि तहे दिल से ही सही, सिर्फ जबानी शुक्रिया काफी था या नहीं।

वर्ग भेद तरह-तरह से धर्म संकट पैदा करता है। मदद माँगने के दौरान भी और मदद मिलने के बाद भी।

पिछली गर्मियों में लन्दन के किंग्ज क्रास मेट्रो स्टेशन की एक घटना याद आ रही है। मैं ब्रिटिश लाइब्रेरी में जाने के लिए वहाँ उतरा था। देखा एक आदमी सामान के तीन अदद लिए दूसरे प्लेटफार्म पर जाना चाह रहा था। तीन अदद एक साथ

ले नहीं जा सका था और एक अदद इस प्लेटफार्म पर छोड़ कर दूसरे प्लेटफार्म पर जाने से डर रहा था। आखिर लन्दन में था वह, टोकियो में तो था नहीं कि निर्भय सामान इधर छोड़ उधर चला जाए।

मैंने उससे पूछा कि क्या मैं एक अदद दूसरी तरफ ले जाकर उसकी मदद कर सकता हूँ। उसने जवाब दिया कि सामान भारी है। जो भी हो मैंने उसका सामान ढोने में मदद कर दी। उसने पुरखुलूस अन्दाज से हाथ मिला कर थैंक यू कहा और अपनी जेब से निकाल कर कुछ पैसे मेरी तरफ बढ़ा दिए। मैंने हँस कर उसे समझा दिया कि उसका थैंक यू काफी था मेरे लिए। वह आश्वस्त होकर बॉय कह कर विदा हो लिया मुझसे।

मैं नहीं जानता कि अगर किसी गोरे ने उस आदमी की मदद की होती तो वह थैंक यू के अलावा भी कुछ करता या नहीं। आखिर उस युवक से मदद लेने के बाद तो मुझे शब्द और स्पर्श के अतिरिक्त किसी और चीज की जरूरत महसूस नहीं हुई थी अपना अहसान जताने के लिए। कुत्ते का मालिक मदद करता तो भी न होती, पर मदद मिली थी कुत्ते के मालिक के यहाँ काम करनेवाले से। उसके साथ शब्द और स्पर्श नाकाफी लगे। सम्भव है, वाकई नाकाफी रहे हों। उतनी रात गए मदद करनेवाले की, अपने वर्ग की कठिनाइयों के चलते, कुछ और ही अपेक्षा रही हो। और 'अब जाइए न' कहने में एक हताशा भी रही हो कि कैसे खुदगर्ज कंजूस से पाला पड़ा इतनी रात गए।

यह दुविधा नए जमाने की है। पहले वक्तों में तो मेरे वर्ग का अधिकार बनता काम कराने का। फिर देखा जाता कि काम बेगार में हो या कुछ बख्शीश दे दी जाए उसकी एवज।

बदलते जमाने में स्थिति अनिश्चित है। पर इस अनिश्चितता के बावजूद हमारे अन्दर कहीं कोई अच्छाई अब भी बची है। इसको पोस सकें तो जिन्दगी में कुछ सुन्दरता, कुछ मासूमियत तो बची रहेगी।

पर यह न सोचें कि मेरी जिन्दगी में घटी छोटी-छोटी बड़ी बातें इतनी ही हैं। मान लें कि उतनी तो होंगी ही जितनी आपकी जिन्दगी में हैं। सबकी जिन्दगी में होती हैं।

गंगूबाई का जाना

परसों गंगूबाई के निधन की खबर देश भर में फैल गई। लगा अपना कोई सगा चला गया। भारी खालीपन का एहसास होने लगा। रात में अकेले बैठ कर गंगूबाई का एक सीडी सुनने लगा। शुद्ध कल्यान का अति संक्षिप्त मन्द अलाप। गंगूबाई का धीर-गम्भीर स्वर। और तुरन्त ही विलम्बित खयाल की बन्दिश में प्रवेश–"बाजो रे मंदर"–पुत्री कृष्णा हंगल के साथ।

यह सुनना बिलकुल अलग सुनना है। ध्यान बार-बार गंगूबाई की ओर हो जाता है। मैं कल्पना करने लगता हूँ उनकी, याद करने लगता हूँ एक के बाद एक उन सम्मेलनों और बैठकों की जब उनको सुनने का सौभाग्य मिला था। सबसे ज्यादा, गंगूबाई को इस रात सीडी पर सुनते हुए, याद आता है वो दिन जब उनसे ढेर सारी बातें हुई थीं, और शाम को उन्होंने गाते-गाते मेरी ओर देखा था। मानो मेरे लिए गा रही हों। वह सम्मोहक क्षण छोड़ता नहीं मुझे।

पता ही नहीं लगता कब शुद्ध कल्यान की द्रुत बन्दिश शुरू हुई और खतम हो गई। गंगूबाई के संगीत पर ध्यान लौटता है जब उनका अभोगी–"चरन घर आए"–शुरू होता है। पहली बार उनके कंठ से यह बन्दिश दिल्ली के कमानी सभागार में सुनी थी। इस बार मैं उनके गायन से आगे-आगे चलने लगता हूँ। अभी गंगूबाई का विलम्बित का मंथर विस्तार ही चल रहा है और मेरे मन में उनकी द्रुत बन्दिश–"मोरे घर आए बनरा रंगीले"–गूँजने लगती है।

समझ नहीं पाता क्यों इतना अधीर हो रहा हूँ। और तभी अचानक सीडी रुक जाता है। समझ नहीं पाता क्या हो गया। अभी तो अभोगी का द्रुत ही नहीं, पूरा बसन्त–"पिया संग खेलो होरी"–आना बाकी था। सीडी रुक क्यों गया बीच में?

कोई और दिन होता तो उठ कर देखता कि क्या हुआ। फिर से चलाने की कोशिश करता। जो दूसरे दिन की, और पूरा सीडी चला भी बगैर किसी रुकावट के। पर उस समय हिलने तक का मन नहीं हुआ। मैं सोचता रहा

गंगूबाई के बारे में। पता नहीं कितनी देर तक। फिर किसी वक्त सोने चला गया।

पारसाल, गर्मियों में ही, बिलकुल अचानक मुझे खबर मिली थी अपने पिता के निधन की। कोई हारी-बीमारी नहीं थी। एक स्नेही से बात करते-करते चले गए। 92 साल जीकर। होश सँभालने से पहले ही अगर मैं हिन्दुस्तानी शास्त्रीय संगीत सुनने लगा और आज तक, सुर-ताल-लय की तालीम पाए बगैर, उसके आनन्द में डूबता रहा हूँ, तो वह अपने पिता की बदौलत। ऐसे पिता जो चाहते थे कि उनका अन्त आने पर गीता का पाठ न हो, उस्ताद फ़ैयाज़ ख़ाँ का संगीत लगाया जाए।

92 वर्षीय पिता अचानक चले गए। पर उनके जाने के पहले भी कई बार उनके जाने के बारे में सोचा था। कई बार उन्होंने स्वयं बड़े विरक्त भाव से अपने जाने की बात की थी मुझसे। कह सकता हूँ कि मैं अन्दर-ही-अन्दर तैयार था उस अवश्यम्भावी के लिए। पर जब वह हुआ तो, दार्शनिक स्वीकार के बावजूद, एक गहरा दुःख मन में आ बैठा।

परसों गंगूबाई के जाने की खबर सुनते ही मन में हिसाब आया कि 90 की तो रही ही होंगी। जल्दी ही पता चल गया कि 97 की थीं। एक अरसे से उनका कोई कार्यक्रम भी नहीं सुना था। सच तो यह है कि मुझे उनके कैंसर के बारे में भी नहीं मालूम था। पर गंगूबाई थीं। और उनका होना ही काफी था। वह गंगूबाई जिनका होना, हम जैसे करोड़ों प्रशंसकों के लिए, हुआ ही था उनके अद्वितीय संगीत के कारण, कुछ इस तरह हमारे दिलों में घर कर चुकी थीं कि उनका होना हमारे लिए महत्त्वपूर्ण हो गया अपने आप में। वह गाएँ न गाएँ, हम उन्हें सुनें या न सुनें, पर रहें वह हमारे बीच।

एक दुःख वह है जो डीवी पलुस्कर, शराफ़त हुसैन ख़ाँ, अमीर ख़ाँ, निखिल बनर्जी या जितेन्द्र अभिषेकी जैसों के असमय निधन से होता है। और एक दुःख वह है जो बिलकुल निजी स्तर पर 92 वर्षीय पिता और उससे हट कर, पर उतना ही निजी दुःख, 97 वर्षीय गंगूबाई के जाने से होता है।

थोड़े ही दिन पहले, 'स्वान्तः सुखाय' के सन्दर्भ में, मैंने गंगूबाई को याद किया था इसी स्तम्भ में। परसों से इच्छा हो रही थी कि भले ही कुछ ज्यादा नया न हो गंगूबाई के बारे में लिखने को, लिखूँ जरूर उनको याद करते हुए। आखिर किसी भी प्रिय जन को खोकर हम क्या करते हैं सिवाय उन बातों को प्यार से, दुःख से दुहराने के जो हम पहले भी बता चुके होते हैं? वह बाँटना, दुहराना बड़ा जरूरी हो जाता है दुःख से उबरने के लिए। और इसी बाँटने और दुहराने में कुछ नई बातें भी याद आ जाती हैं।

ऐसी ही एक दिलचस्प याद 1972-73 की मन में आ गई। मैं नया-नया शिमला स्थित भारतीय उच्च अध्ययन संस्थान पहुँचा था। वहाँ मेरे पड़ोसी थे एक महाराष्ट्रियन गणितज्ञ, डॉ. कायंदे। संगीत में मेरी रुचि देख कायंदे को लगा कि थोड़ा परख लेना चाहिए। सो, एक दिन उन्होंने एक पुराना 78 आरपीएम का तीन मिनट वाला रिकॉर्ड सुना कर मुझसे गायक का नाम पूछा। मैं गायक को नहीं पहचान पाया। पर पूरी तरह से भद्द न हो जाए शुरू-ही-शुरू में, सो मैंने कहा कि यह यमन है तो गजब का पर लगता है इस गायक को मैंने पहले नहीं सुना है।

कायंदे शायद पहले भी यही इम्तहान दूसरों का भी ले चुके थे और लोगों को फेल होते देख उनको मजा भी आता था। सो हँसते हुए बोले : "हाँ, है तो यह यमन ही, पर यह किसी गायक का नहीं गायिका का है। और इस गायिका को तुम सुनते भी रहे हो। गंगूबाई हंगल की बिलकुल शुरू-शुरू की रिकॉर्डिंग है यह।" फिर कायंदे ने हँसते-हँसते यह भी बताया कि महाराष्ट्र में लोग गंगूबाई को गंगूबुवा हंगल कहते हैं। उनके कहने का तात्पर्य यह है कि भले ही गवैयों के नाम के साथ बुवा और गायिकाओं के नाम के साथ बाई लगता हो, असल बुवा तो गंगूबाई हैं।

गंगूबाई की भव्य विशाल गायकी अन्त तक भव्य और विशाल रही। इस मामले में उन्होंने न तो ढलती आयु और न ही बिगड़ते स्वास्थ्य के आगे कोई समर्पण किया। ज्यादा से ज्यादा इतना किया कि बाद के सालों में अन्तरे की अदायगी कृष्णा हंगल के जिम्मे कर दी। पर तानों में वही दमखम, वही गर्जन और बिजली-सी वही कौंध अन्त तक श्रोताओं को मन्त्रमुग्ध करते रहे।

मैंने गंगूबाई को बड़े-बड़े संगीत समारोहों में भी सुना और स्पिकमैके के छोटे-छोटे आयोजनों में भी। कभी ऐसा नहीं लगा कि अवसर के मुताबिक वह अपने गायन में गम्भीर या मध्य स्तरीय (इससे कम तो वह हो ही नहीं सकती थीं) हुई हों। हाँ, यह जरूर लगा—हर कलाकार के साथ ऐसा होता है—कि कभी-कभी वह किसी ऐसे लोक में ले गईं जिसे अलौकिक ही कहा जा सकता है।

गंगूबाई का जो सर्वोत्कृष्ट गायन मुझे सुनने को मिला वह किसी प्रतिष्ठित सम्मेलन में नहीं वरन् दिल्ली के सेंट स्टीवेंस कॉलेज के एक बड़े-से कमरे में हुआ था छात्रों के लिए।

सम्भव है कभी गंगूबाई को लगा हो कि प्रसिद्धि और मान के उस सर्वोच्च शिखर पर वह नहीं पहुँचीं जहाँ उनके साथ के या उनसे छोटे संगीतकार पहुँच

गए। पर उनके व्यवहार या बातचीत में कभी ऐसा नहीं लगा कि वह असन्तुष्ट हैं। जिस दिन—केवल एक दिन—उन्होंने दिल खोल कर अपनी ढेरों बातें मेरे सामने बताईं उस दिन भीमसेन जोशी के लिए अपार स्नेह था—चिन्ता मिश्रित स्नेह—और मल्लिकार्जुन मंसूर के लिए आदर।

ऐसी निश्छल गरिमामयी कलाकार को, मृत्योपरान्त भारत-रत्न जैसी घटिया राजनीति में धकेलनेवालों से बचाते हुए, हम स्नेह और श्रद्धा से याद करें, उनका संगीत सुनें, उन्हें जहाँ वह हैं शान्ति से रहने दें।

कस्बे में मौत

कुछ चीजों के बारे में सोचते वक्त उनसे अपने को अलग कर पाना नामुमकिन-सा हो जाता है। इन चीजों को लेकर हम अपनी सही-गलत और अच्छे-बुरे की मान्यताओं से इस कदर नियन्त्रित रहते हैं कि नए सिरे और खुले दिमाग से सोचने की हमारी सामर्थ्य कुन्द हो जाती है। मौत इन्हीं में एक है।

मौत का एक पक्ष है जो यक्ष के उस शाश्वत प्रश्न से जुड़ा है। मौत जिसको लेकर हमारे हाथ आता है केवल अनन्त आश्चर्य। और कुछ नहीं। ऐसा यथार्थ–रहस्य–जहाँ ज्ञान-विज्ञान, अध्यात्म, धर्म, दर्शन हमें कितना भी सहारा क्यों न दे दें, हम अनुमान या प्रवंचना से बहुत आगे बढ़ नहीं पाते।

इसी अनुमान या प्रवंचना के सहारे हम अपने निजी, पारिवारिक और सामाजिक जीवन में मौत से निपटते हैं। इन्हीं के आधार पर बनते हैं मौत से जुड़े हमारे रीति-रिवाज। नाना प्रकार के रीति-रिवाज, जो पहले भी बदलते थे, पर आज तेजी से बदल रहे। बदल रहे हैं हमारे जीवन को उत्तरोत्तर अकेला और निर्वैयक्तिक बनानेवाली असाध्य शक्तियों के प्रभाव में।

सोचिए, विकसित पश्चिमी दुनिया में होनेवाली औसत मौत के बारे में। मृत शरीर को चाहे पुराने रिवाज से दफनाना हो या अब तेजी से अमल में लाए जानेवाले तरीके से जलाना हो, कम से कम हफ्ता या दस दिन तो परिवारवालों को अपने मृतक को 'मॉर्चुरी' में रखना ही पड़ेगा। तभी बारी आती है अन्त्येष्टि की पश्चिम के शहरों में। और मरना भी किसी विरले का ही अपने घर में परिजनों के बीच होता है। मौत से अपनापन निकलता जा रहा है।

फिलीप आरिएस ने फ्रेंच में एक किताब लिखी है। उसके अंग्रेजी अनुवाद के शीर्षक का अर्थ है 'हमारी मौत का पल'। यूरोपीय समाज में सदियों के दौरान मौत को लेकर हुए परिवर्तनों के अपने मार्मिक अध्ययन में आरिएस को जो सबसे विचलित करनेवाला रवैया लगा वह आज के पश्चिमी यूरोप का है। परिवार से दूर अस्पताल या वृद्धों के किसी आवास में होनेवाली औसत मौत।

1985 में आरिएस ने जब देखा कि अस्पताल में दाखिल उनकी पत्नी के बचने की कोई आशा नहीं है तो वे उन्हें घर ले आए। अन्त तक सेवा की और वहीं से पत्नी को अन्तिम विदाई दी। सदियों से बदल रही संवेदना के अध्ययन ने आरिएस की अपनी संवेदना बदल दी। जिसने सुना द्रवित हुआ। पर सामान्य संवेदना नहीं बदली। बदल नहीं सकती। मौत से जुड़ गई दूरी कम होनेवाली नहीं।

हमारे महानगरों में, अनिवार्यतः, मौत के प्रति हमारी संवेदना का स्वरूप बदल रहा है। साठ के दशक में नई दिल्ली में भी आए दिन कोई अर्थी दिखाई पड़ जाती थी। वाहन भी क्षण भर को एक किनारे रुक जाते थे। केवल उस एक क्षण को ही सही, अर्थी का सत्य लोगों को थोड़ा विनम्र, थोड़ा अदम्भी बना देता था। आज, मैं अन्दाज से कह रहा हूँ, पुरानी दिल्ली में भी कम ही लोग अपने प्रियजनों के कन्धों पर अन्त्येष्टि के लिए पहुँचते होंगे।

महानगरों में मृतक के आवास पर भी अपेक्षाकृत कम ही लोग पहुँचते हैं। ज्यादातर लोग सीधे मुर्दाघाट या कब्रिस्तान पहुँच जाते हैं। दफनाने के वक्त तो हरेक को एक मुट्ठी मिट्टी देने के लिए रुकना ही पड़ता है। पर श्मशान घाट में तो चिता के जलते ही लोग चल निकलते हैं। विद्युत शवदाह ने स्थिति और आसान कर दी है।

यह परिवर्तन हमारी संवेदना को और हमारे मानवीय सम्बन्धों को किस तरह प्रभावित कर रहा है इसको अभी समझ पाना कठिन है। पर लगता है कि अच्छा या बुरा, यही हमारी संवेदना का भविष्य है। वहाँ भी जहाँ यह अभी तक हमारी संवेदना का वर्तमान नहीं बन गया है।

जैसे हमारे कस्बों में।

जहाँ मौत आनन-फानन में न जाने कितने लोगों को साथ खड़ा कर देती है। सन्तप्त परिवार अभी रोने-धोने में ही लगा है कि लोग इकट्ठा होने लगते हैं। सान्त्वना देना, साथ रोना, दूरदराज बसे नाते-रिश्तेदारों-मित्रों को सूचित करना और इस सबके साथ अन्तिम यात्रा का सारा कर्मकांड युक्त प्रबन्ध करना अपने आप होने लगता है। मृतक के पार्थिव शरीर को कैसे रखना है, अन्तिम यात्रा के लिए उसे कैसे तैयार करना है, अर्थी कैसे बननी है, अर्थी के ऐन केन्द्र में रख कर मृतक को किस सफाई से बाँधना है कि कन्धा देनेवालों को सन्तुलन के बिगड़ने से कोई अनावश्यक असुविधा न हो, श्मशान घाट में अर्थी के पहुँचने से पहले ही सारी तैयारी मुकम्मल कर देनी है, इसके लिए विशेष जानकारी ही नहीं एक खास तरह के स्वभाव की भी जरूरत होती है।

देखते-देखते ऐसे सारे लोग अपना-अपना काम सँभाल लेते हैं। सन्तप्त परिवार के शोक में कोई विघ्न नहीं पड़ता। अर्थी बनाने की ही क्रिया आप देखें तो कैसा अद्‍भुत सामंजस्य होता है उसमें मुस्तैदी, निपुणता और स्नेह का। रेडीमेड चीजों के जमाने में अपनेपन का ऐसा सुन्दर प्रदर्शन।

मौत के उस क्षण में, अस्थायी ही सही, सारे द्वेष और वैमनस्य भुला दिए जाते हैं।

अर्थी उठते ही कन्धा देने के लिए होड़ लग जाती है। और किस तेजी से प्रस्थान होता है। श्मशान घाट के लिए। रास्ते के दोनों तरफ आने-जानेवाले रुक जाते हैं। बहुत से नमन करते हैं मृतात्मा को। कुछ थोड़ी दूर साथ भी चल लेते हैं।

'सब ठाठ पड़ा रह जाएगा' वाले अहसास से अभिभूत। थोड़ी देर को। फिर भी अभिभूत। उनसे तो बेहतर ही जिनके अहम को कभी विश्राम मिलता ही नहीं।

कस्बे में मौत के साथ जुड़े अपनेपन का एक दूसरा रूप भी होता है।

अर्थी के उठते ही उच्च समवेत स्वर में निरन्तर 'राम नाम सत्य है' और 'गोविंद नाम सत्य है' का उच्चारण होने लगता है। उसी के साथ, उतने ही उत्साह से, दूसरी पंक्ति का भी गायन होता है : 'सत्य बोलो मुक्ति है।' यह उत्साह कुछ थोथा-सा लगता है। सन्देह होता है कि सत्य और मुक्ति की परस्परता उस क्षण के लिए भी किसी की चेतना को छू पाई या नहीं।

फिर कितने ही स्पष्ट क्यों न हों—जो वे नहीं होते—मौत से सम्बन्धित विधि-विधान, ऐसी परिस्थितियाँ तो उठती ही रहती हैं, जिनमें निर्धारित नियमों को व्याख्यायित करना पड़े। मसलन, आपके यहाँ रिवाज है कि मृतक के फूल तीसरे दिन चुने जाएँगे। तो यह तीसरा किस दिन होगा? मृत्यु के दिन से, अन्त्येष्टि के दिन से? मान लीजिए कि किसी का दाह-संस्कार मृत्यु के एक दिन बाद हुआ। उस स्थिति में आपको जरा भी आश्चर्य नहीं होना चाहिए अगर इस बात को लेकर घमासान छिड़ जाए कि फूल अन्त्येष्टि के अगले दिन बीने जाएँगे या एक दिन छोड़ कर। गम्भीर घमासान, जिसमें मरने-मारने की तो नहीं गाली-गलौज की नौबत आनी ही आनी है। यह ऐसा घमासान होगा जिस पर लगेगा कि दिवंगत का पारलौकिक भविष्य पूरी तरह दारोमदार है। परिवारवालों के लिए भीषण धर्मसंकट। कुछ भी करें भय तो बना ही रहेगा कि निर्णय सही हुआ या नहीं। दिवंगत को बैकुंठ भेज दिया या कहीं और।

या मान लीजिए दिवंगत का परलोक गमन भरी-पूरी उमर में हुआ। पोता-पोती ही नहीं, पंती-पंतिन को भी छोड़ कर। अब सूतक उतरते समय फिर

विकट समस्या उठ खड़ी हो सकती है। एक गुट कहेगा कि सबसे पहले पंती के बाल मुँड़ाए जाएँगे। दूसरा गुट उतने ही दृढ़ विश्वास से कहेगा कि पंती के बालों को हाथ भी नहीं लगाया जाएगा।

अब कैसे करे परिवार कोई निर्णय?

पर कोई न कोई निर्णय तो करना ही पड़ेगा। और यह निश्चित है कि जो भी निर्णय हो, उससे असहमत होनेवाले न केवल उस समय बल्कि मौके-बेमौके, साल-दर-साल, उसकी भर्त्सना करेंगे।

इनमें से कोई भी चीज मामूली नहीं है। इनको लेकर समाज किस तरह का आतंक पैदा कर सकता है उसका अन्दाजा लगाना आसान नहीं है।

होना तो विधि का रचा ही है, पर अपने तईं तय नहीं कर पा रहा कि महानगरी और कस्बाई मौत में कौन-सी बेहतर है।

●●●